Lindy and Friends | CURRÍCULO JESÚS ES MÍ GUÍA | EDAD 3-9 AÑOS

Todo el contenido de este material está registrado bajo derechos de autor.

1era Edición
LindyEdu: Currículo Dominical Lindy and Friends - Jesús es mi guía - Edad 3-9 años

Copyright © 2025 por Linda P. Romero y Lindy & Friends ®
Lindy & Friends ® es una marca registrada de Lindy and Friends, Llc.
Ilustraciones y maquetación: Pámpano Animation Studios y Lindy and Friends.

Todos los derechos reservados. Publicado por LindyEdu, sello editorial de Lindy and Friends. Ninguna parte de esta publicación puede ser reproducida, o guardada en sistemas de almacenamiento, o transmitida de ninguna forma o por motivo algún, de manera electrónica, mecánica, fotocopiada o grabada, sin prévia autorización escrita del publicador.

ISBN: 978-1-7337619-6-3
Primera Edición, Octubre 2025

Copyright © Lindy and Friends

Lindy and Friends | CURRÍCULO JESÚS ES MÍ GUÍA | EDAD 3-9 AÑOS

"Para todos los padres y educadores que enseñan la Palabra de Dios con pasión y dedicación a los niños, y siempre están en la búsqueda de los mejores recursos educativos."

Copyright © Lindy and Friends

Lindy and Friends | CURRÍCULO JESÚS ES MÍ GUÍA | EDAD 3-9 AÑOS

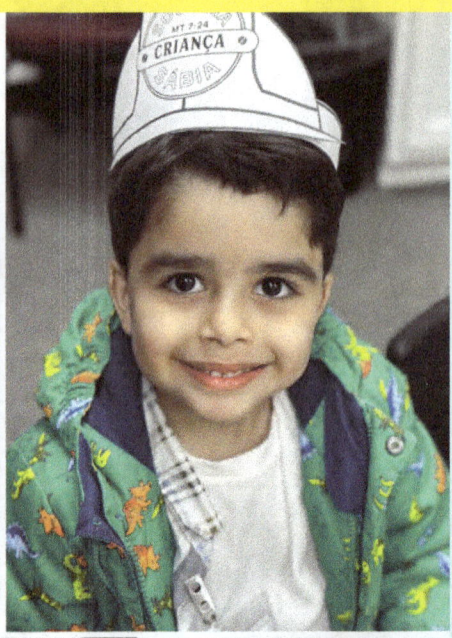

Ella es Rafa, una profesora que le gusta apoyar la Historia Bíblica usando títeres y visuales.

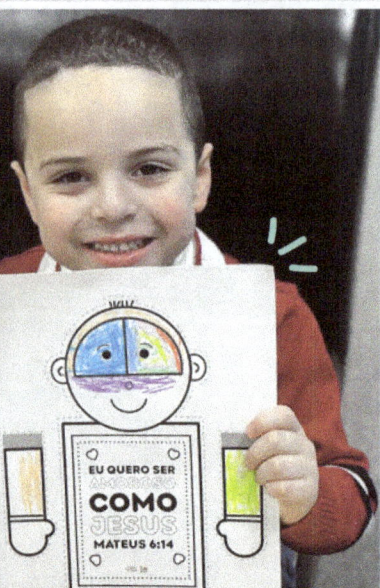

CONTENIDO

¿Quiénes somos?

Visión

¿Cómo funciona el currículo?

Lecciones:
- La Oveja Perdida
- El Constructor Sabio
- El Sembrador
- Las Diez Vírgenes
- El Empleado Malo
- La Moneda Perdida
- Sal y Luz
- El Hijo Pródigo
- La Lámpara
- El Trigo y La Paja
- Los Talentos
- El Buen Samaritano
- La Red

Contenido por cada lección:
- Contexto bíblico y reflexión para el líder
- Introducción y dinámicas
- Historia bíblica
- Manualidades
- LindyEduca en casa

Lindy and Friends | CURRÍCULO JESÚS ES MÍ GUÍA | EDAD 3-9 AÑOS

QUIÉNES SOMOS

La única manera de transformar una cultura es empezando por sus niños. Esta verdad es tan real que, desde el principio, Dios estableció la enseñanza del niño (Deuteronomio 6.4-9). La enseñanza del niño sigue siendo primordial y en cualquier época es urgente y necesaria.

Unimos fuerzas con el Ministerio Infantil CBUS Kids para bendecir, con un currículo relevante y actual, a las familias e iglesias que manejan el idioma Español, Portugués e Inglés.

CBUSKids es el Ministerio Infantil de la Iglesia Asamblea de Dios Columbus, y es uno de los aliados ministeriales de Lindy and Friends. Desde hace más de 15 años hemos colaborado en diversos frentes ministeriales, y ahora Dios permite que se haga realidad nuestro sueño de emprender este proyecto curricular que edifica las vidas de los pequeños.

El niño debidamente instruido en la Palabra de Dios está inmunizado contra las asechanzas del diablo.

He aquí un llamamiento a todos los que aman a Dios y la enseñanza de su Palabra: los niños de todo el mundo esperan una vida mejor, más feliz, un mundo más acogedor y para ello necesitamos comenzar dentro de nuestro hogar enseñando al niño el camino por el que debe caminar, extendiendo la enseñanza a la iglesia y a cualquier otro lugar donde se abran las puertas a la enseñanza.

Gileade Fontoura-Pastor Sénior
Iglesia Columbus Assembly of God, USA

www.adcolumbus.org

Copyright © Lindy and Friends

Lindy and Friends | CURRÍCULO JESÚS ES MÍ GUÍA | EDAD 3-9 AÑOS

Lindy and Friends o abreviado **"L.A.F."** (Laugh; que traducido al idioma Español significa risa), está constituido por una **"familia"** de amigos misioneros que están inspirados por el amor de Dios hacia los niños, y la alegría por educar a estas pequeñas personas sobre la maravillosa creación que nos fue dada como regalo.

Los niños tienen un corazón muy puro y un espiritu noble, lo que les permite aprender y disfrutar de las cosas simples más que cualquier otro ser humano. Los niños saben inspirarnos y conquistan con su amor aun aquellos que se han perdido en el mundo de los adultos. Existe una expresión espontánea de amor por la vida que derrite nuestros corazones, y es cuando escuchamos el sonido de ese amor a través de la risa (laugh) de un niño o niña.

Promovemos las interacciones multiculturales, creyendo firmemente que el mundo puede ser un lugar mejor si nos entendemos y amamos los unos a los otros, así como Jesús nos enseñó a través de su Palabra.

Creamos contenido digital sano con el propósito de edificar a los niños y acercarlos al corazón de Jesús. Diseñamos productos escolares prácticos, cómodos, llenos de color, y estilo. Nuestra línea de peluches es hecha completamente a mano, por mujeres que trabajan con excelencia, delicadeza y amor. Hay tres generaciones de mujeres que impulsan nuestra compañía; abuela, madre e hija unidas de la mano por un sueño.

Nunca te olvides de: ¡reír siempre!

Misión

Ir alrededor del mundo compartiendo las Buenas Nuevas de una manera creativa, espontánea, original y divertida. Deseamos llegar a los lugares más escondidos del planeta tierra.

Visión

Desarrollar contenido educativo sano e innovador que acerque el corazón de los niños a Jesús. Diseñar productos de excelente calidad que sirvan para uso diario, tales como material escolar, entretenimiento y más.

Filosofía

¡Es mejor dar que recibir! Tenemos una gran pasión por las misiones por eso colaboramos en proyectos misioneros en lugares poco alcanzados.

Lindy and Friends | CURRÍCULO JESÚS ES MÍ GUÍA | EDAD 3-9 AÑOS

Conoce a la fundadora

Linda Romero de Ortega, es la fundadora del Lindy & Friends, nació en Cartagena de Indias, Colombia, una ciudad caribeña, bella y rica en cultura. Mientras cursaba su último año escolar de bachillerato en el Colegio la Nueva Esperanza, y aún siendo una adolescente soñadora, con muchos planes para el futuro, su familia toma la difícil decisión de comenzar una nueva vida en los Estados Unidos. Sus inicios en un nuevo país junto con su familia, la hicieron una mujer resiliente.

Mariela Cabarcas es su mamá emprendedora, y luchadora. Linda ha sido influenciada e inspirada por la manera apasionada como su mamá le enseñó a servir a su comunidad y a los menos favorecidos. Linda creció en un hogar rodeado de familiares y amigos, pero sobre todas las cosas su mamá le enseñó a amar a Dios y seguir su camino, le inculcó valores maravillosos como el respeto y la generosidad.

Desde una corta edad Linda demostró un profundo amor por las Artes, y su búsqueda por su verdadera pasión comenzó al iniciar clases de piano y pintura en Bellas Artes. Durante sus años escolares desde la primaria hasta la secundaria siempre participó en concursos literarios y de dibujo, llamando la atención de sus profesores y mentores.

Después de terminar su carrera universitaria en los Estados Unidos, empezó a trabajar en el campo de la Arquitectura, en donde por cosas de la vida se involucró más con el Diseño Gráfico y la Ilustración. Luego ella decidió sacar adelante su sueño y fue así como nació el proyecto Lindy and Friends (L.A.F), y como a ella le gusta decir: "Definitivamente todas las cosas obran para bien a aquellos que aman a Dios."
Linda descubrió su pasión por los niños y la enseñanza durante su adolescencia después de tener un encuentro personal con el Señor a los 19 años, en una iglesia pequeña en Naples, Florida. La iglesia estaba apenas comenzando, y fue ahí en ese momento y lugar en donde Linda decidió seguir el llamado de Dios, e inmediatamente se ofreció para servir como maestra de niños.

En esa misma iglesia conoció a su esposo, **Haziel Ortega**, quien era el músico y líder de jóvenes de la iglesia en ese momento, el resto es historia. De forma amena ella recuenta que sus primeros alumnos fueron los tres hijos del pastor de la iglesia, y otros cinco niños que recién comenzaban a caminar con Jesús. Esto fue un desafío muy grande porque los niños ya eran conocidos por ser muy traviesos, fue durante esos primeros años de servicio que Linda pudo desarrollar paciencia, sabiduria y creatividad para enseñar en la Escuela Dominical. Desde entonces ella se ha dado a la tarea de diseñar contenido y estrategias creativas de aprendizaje; incluyendo currículos de Escuela Dominical.

Haziel y Linda han sido misioneros de las Asambleas de Dios por casi 20 años, y juntos han servido al Señor plantando iglesias que sirven a la comunidad de habla Hispana y Portuguesa. Ellos han impulsado a más de 10 iglesias en diferentes ciudades de los Estados Unidos. En la actualidad viven en Columbus, Ohio, en donde Haziel sirve como Pastor Asociado de la **Iglesia Columbus Assembly of God**, y Linda lidera el Ministerio de Educación Infantil, al lado de un gran equipo de voluntarios de entre 60-70 personas maravillosas. A comienzos del año 2023 fundaron la **Iglesia El Camino** en Columbus y Dios les ha respaldado de gran manera en esta obra. Linda también trabajó por 3 años como asistente bilingüe del Departamento EL (English Learners), de varios colegios en el Distrito Escolar de Dublín, Ohio.

Copyright © Lindy and Friends

Lindy and Friends | CURRÍCULO JESÚS ES MÍ GUÍA | EDAD 3-9 AÑOS

Más sobre Linda

Linda P. Romero se graduó en Arquitectura de la Universidad de la Florida, y estudió Diseño Gráfico en el Instituto de Artes de Fort Lauderdale en USA. Ella es una ilustradora autodidacta que ama crear, innovar, y siempre disfruta aprender nuevas habilidades.

Comienzos

Lo que comenzó como un pasatiempo se convirtió en una motivación para embarcar un nuevo proyecto. Después de experimentar un momento difícil profesionalmente, Linda fundó el ministerio Lindy & Friends. Su familia y trabajo en el Ministerio de Niños de su iglesia la inspiraron a crear los personajes.

3 Generaciones

Son tres mujeres trabajadoras unidas por un sueño. Su abuelita, Carmen Cabarcas y su mamá, Mariela Cabarcas, una mujer impulsadora de programas para apoyar la educación en Colombia, son de gran apoyo para Linda, ellas la asisten en la gerencia de nuevos proyectos y en la línea de peluches hecha a mano.

Copyright © Lindy and Friends

¡Conoce a nuestros personajes!

Lindy

Lindy es una niña misionera muy alegre, espontánea, respetuosa, obediente, cariñosa, curiosa y aventurera. Lo que más le divierte es viajar por todo el mundo y hacer nuevos amiguitos.

cheche

Cheche es el hermanito de Lindy. Es un niño valiente, sabio, alegre, y muy esforzado. Le gusta pescar y hablarle a los niños del amor de Dios. A través de sus experiencias de vida, mucho niños conocen a Jesús.

Flofi

Flofi es la mejor amiga de Lindy. Flofi es una ovejita especial porque tiene un corazón muy grande. Con obras de bien vence el mal y le gusta ayudar mucho a los niños que están en problemas.

mima

Mima es una vaquita risueña, juguetona, y enérgica. Siempre está de buen ánimo y le gusta mucho cantar. A veces tiene que ser un poco paciente para aprender a esperar.

Lindy and Friends | CURRÍCULO JESÚS ES MÍ GUÍA | EDAD 3-9 AÑOS

Kiki-Blue

Kiki-Blue es un mono muy travieso, inquieto y a veces desordenado y torpe. En ocasiones se mete en grandes problemas porque es un poco desobediente, pero es muy valiente al reconocer sus errores.

Expresiones del Corazón de Dios ®

nene-nino

Nene-Nino es un ratoncito muy tierno y talentoso, pero dormilón, perezoso, distraído y muy pensativo.
A veces es terco y no escucha lo que le dicen.

Boki

Boki es un sapito muy inteligente, estudioso, curioso y eficiente. Le gusta hacer muchos experimentos e inventar cosas nuevas. El deseo de volar lo lleva a diseñar aviones, globos, y naves espaciales.

Tata y Tato

Tato & Tata son una parejita de paticos que mantienen la llama del amor encendida. Son un ejemplo del verdadero amor, puro, y sin egoísmos.

Becca-Bee

Becca-Bee es una abejita dulce como la miel. Es buena trabajadora. Se caracteriza por estar siempre lista y organizada. Le gusta leer libros, planificar su futuro y comer dulces de vez en cuando.

Lindy and Friends | CURRÍCULO JESÚS ES MÍ GUÍA | EDAD 3-9 AÑOS

VISIÓN

¡ENSEÑA LA PALABRA DE DIOS DE UNA MANERA INTERACTIVA!

Ella es Nayra, una profesora que le gusta usar la tecnología para enseñar.

Fortalecer

A través de nuestros recursos tu iglesia puede enseñar la Palabra de Dios a los niños de una manera única, creativa, impactante y transformadora.

Edificar

Nuestra misión es crear y proveer recursos creativos de Educación Cristiana para las familias, iglesias y organizaciones con el objetivo de acercar los niños a Jesús y su Palabra, y promover el discipulado.

Facilitar

El Currículo Dominical Lindy & Friends facilita la preparación de la clase dominical de una manera muy única. Cada lección viene preparada con actividades de apoyo como: dinámicas, música, visuales de colores llamativas que capturan la atención de los niños, promoviendo el enfoque durante el tiempo de la enseñanza de la Palabra. También incluye manualidades fáciles de imprimir, y provee un versículo semanal que los niños pueden llevarse a casa como tarea para memorizar y meditar sobre lo que aprendieron en la iglesia.

Copyright © Lindy and Friends

Lindy and Friends | CURRÍCULO JESÚS ES MÍ GUÍA | EDAD 3-9 AÑOS

¡GENIAL, TODO LO QUE NECESITAS ES ESTAR A DISPOSICIÓN!

5 Razones por las cuales tu iglesia amará el currículo de Lindy & Friends:

1 Con Lindy and Friends tus maestros no se sentirán abrumados por tanto trabajo de planeación, solo deberán estudiar el material, imprimir y cortar los recursos que propone cada lección para las manualidades, y proveer materiales caseros para las dinámicas.

3 Con Lindy and Friends tendrás historias, visuales digitales, y dinámicas muy creativas que mantendrán a los niños conectados con la Palabra de Dios durante la clase.

2 Con Lindy and Friends retendrás un mayor número de voluntarios motivados.

4 Con Lindy and Friends tus niños irán felices a la iglesia porque podrán anticipar que habrá una clase "diferente y sorpresiva" cada Domingo, y al mismo tiempo tendrás padres entusiasmados.

5 Con Lindy and Friends tienes las herramientas creativas para hacer de tu Escuela Dominical o Iglesia de Niños un lugar perfecto para un momento espiritual.

Copyright © Lindy and Friends

Lindy and Friends | CURRÍCULO JESÚS ES MÍ GUÍA | EDAD 3-9 AÑOS

CONSEJOS PARA TRABAJAR CON NIÑOS:

A continuación, te compartimos algunos tips relacionados con la enseñanza. Te serán de mucha ayuda para mantener la atención de los niños.

Los sentidos y el aprendizaje

Al usar todos los sentidos, los niños comprenderán y aprenderán más sobre su mundo gracias a las experiencias directas. Tocar un objeto, reconocer la manera como se siente, como huele, como suena, todo esto ayudará en el aprendizaje y se registrará en sus mentes.

Experiencias sensoriales

"Debemos ofrecer diariamente a los niños posibilidades de dónde escoger que sean apropiadas para su edad y que estén basadas en sus intereses. Algunos niños disfrutan la textura de la plastilina, mientras que otros prefieren usar sus dedos para actividades de pintura, o llenar y verter agua en contenedores. Los adultos pueden apoyar el aprendizaje del niño, proporcionando una variedad de experiencias sensoriales y estando presente para responder sus preguntas y ofrecer mayor entendimiento y posibilidades sobre la actividad mientras ellos van explorando". (Blanca Alarcón, Especialista en desarrollo Infantil).

"Llevar a los niños a aprender sobre la naturaleza, oliendo el aroma de las flores, tocando las plantas, observando su crecimiento o viendo el comportamiento de los animales, e insectos, oyendo el canto de las aves y aprendiendo a diferenciarlos, son experiencias que no olvidarán, pues han sido parte de su proceso de aprendizaje en el que participaron de forma activa y creativa". (Hilda Fingerman, Los sentidos y el aprendizaje).

¿Cómo lograr que la clase sea diferente, no aburrida ni con la misma rutina?

El éxito de una clase radica, en primer lugar, en la preparación espiritual y cognitiva y, en segundo lugar, en la planificación de las actividades que se llevarán a cabo durante la clase. Una clase debe tener un desarrollo de bloques de 5 a 15 minutos como máximo. Cambiar dinámicamente las actividades es necesario para mantener la atención de los niños.

La comunicación entre el profesor y el ayudante durante la preparación de la clase es muy importante para aportar ayudas visuales o material gráfico adicional al día de reunión.

Observación

Necesitamos prepararnos espiritualmente durante la semana, buscando al Señor en oración y ayuno para que Dios trabaje en los corazones, y las cadenas puedan ser rotas. Hay cosas que ocurren durante la clase que tienen una raíz espiritual, por eso no podemos ser soldados que van la guerra sin preparación, ni herramientas.

Copyright © Lindy and Friends

Lindy and Friends | CURRÍCULO JESÚS ES MÍ GUÍA | EDAD 3-9 AÑOS

Testimonios

Ella es **Inglede,** una excelente maestra de niños, esposa, madre de cuatro hijos, y una mujer trabajadora. Ella sirve en su iglesia y ama trabajar con niños.

Cuando era su turno de enseñar a los niños en la iglesia, sentía la necesidad de buscar material de apoyo para su clase, como dinámicas y manualidades que fueran de acuerdo a la lección de ese día.

Inglede también buscaba en internet visuales llamativas para acompañar el currículo que su iglesia usaba porque sabía que si no lo hacía, los niños perderían rápidamente la concentración, se dispersarían y se aburrirían muy pronto de su clase.

Ella entendía que no era suficiente solo contar una historia, ella tenía el deseo de hacer de su clase, una clase dinámica, que hablara el lenguaje de los niños, que tuviera un buen fundamento bíblico, y que fuera ¡inolvidable!.
La idea de saber todo el esfuerzo que requiere preparar una buena clase, y contar con tan poco tiempo para dedicarse a esta labor de amor, ya empezaba a desanimar a Inglede; pero eso fue hasta hace un tiempo atrás cuando su pastor tomó la decisión de invertir en el Ministerio Infantil, y hacer la diferencia colaborando con Lindy & Friends para realizar este Currículo Dominical.

Ahora Inglede puede enfocarse en orar, estudiar y preparar el material, tener un corazón dispuesto para servir el día de su clase, y hacer de esta, un momento espiritual muy especial para los niños de su iglesia.

Rafaele & Claudia-Maestras de niños
Iglesia Columbus Assembly of God, USA

Él es Thiago, un profesor al que le gusta trabajar con manualidades.

El currículo de Lindy & Friends ha fortalecido y transformado de manera radical el Ministerio Infantil en nuestra iglesia. Los niños están más conectados con la Palabra de Dios, y hemos visto un incremento muy significativo de voluntarios que quieren servir como profesores o auxiliares. Ahora podemos usar mejor el tiempo preparando nuestros corazones para la enseñanza, en vez de pasar horas buscando material para las clases en internet.

Lindy and Friends | CURRÍCULO JESÚS ES MÍ GUÍA | EDAD 3-9 AÑOS

Ls Serie Jesús es mi guía cubre 1 TRIMESTRE

NOTA:
¡NUESTRO CURRÍCULO ES PARCIALMENTE DIGITAL!
· POR ESO NECESITARÁS UNA TV PARA PROYECTAR EN PANTALLA LOS RECURSOS VISUALES DE APOYO PARA DAR UNA CLASE.

Edad indicada para enseñar

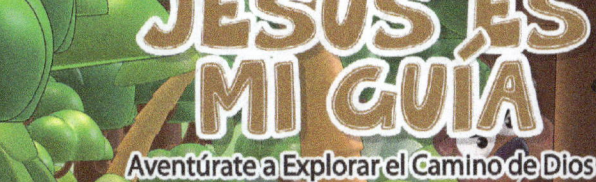

Cada SEMESTRE ofrecemos una temática nueva

El currículo contiene 13 lecciones

| CONTEXTO BÍBLICO Y REFLEXIÓN | INTRODUCCIÓN Y DINÁMICAS | HISTORIA BÍBLICA | MANUALIDADES | LindyEduca EN CASA |

SERIE: LAS PARÁBOLAS DE JESÚS

Jesús es considerado uno de los más grandes narradores de historias. Las historias que contó, desde el momento en que fueron contadas, han sido relatadas y disfrutadas por innumerables generaciones de cristianos y a menudo también son conocidas y apreciadas fuera de la Iglesia. Muchas de ellas han sido objeto de grandes obras de arte y algunas de las frases que Jesús utilizaba se han insertado en el lenguaje cotidiano, como "ganarse el pan de cada día", que significa trabajar para ganarse la vida.

Las historias de Jesús eran atractivas y a menudo interesantes (por ejemplo, la imagen de un hombre que camina con una viga en el ojo, Lc. 6.41,42); sin embargo, no las contaba para que nos riéramos de ellas o nos entretuviéramos. Encarnaban el mensaje más profundo de Jesús sobre la actividad de Dios en el mundo. Por eso se las suele llamar parábolas, lo que indica que tienen un significado más profundo. En las parábolas de Jesús, la comprensión profunda del Reino de Dios aparece junto a historias sobre padres e hijos, semillas y fiestas.

Alrededor de un tercio de las enseñanzas de Jesús compiladas en los Evangelios tiene forma de relato. No todas las parábolas son historias largas con varios personajes (como Lc. 15.11-32); algunas son historias cortas (Mc. 2.21). Una de ellas incluso fue representada por Jesús durante dos días (Mc. 11, 12-24). Otras "parábolas" no son más que breves proverbios, preguntas o adivinanzas (Mc 3,23-26; Lc. 6,39). Incluso cuando Jesús no contaba historias completas, su enseñanza estaba llena de imágenes que utilizan objetos y acontecimientos cotidianos para explicar sus enseñanzas: por ejemplo, la sal (Mt. 5,13); la luz (Mt. 5,14); el pan (Jn. 6,35); las ovejas y los pastores (Jn. 10,11). Marcos cuenta que Jesús sólo hablaba a la gente en parábolas (Mc 4,34).

Hoy, las parábolas de Jesús pueden sonar familiares, quizá incluso inocentes. Sin embargo, en los tiempos de Jesús, eran nuevas y a menudo chocantes. Jesús no sólo repetía viejas historias, sino que tomaba temas conocidos y los volvía a contar, dándoles un giro impresionante: el hijo pródigo vuelve a casa y es recibido con alegría por su padre, en lugar de ser castigado (Lc. 15,11-24); lo que es aún más sorprendente, el hermano mayor no está de acuerdo con esta acogida y se convierte en alguien ajeno a la familia. El judío herido es socorrido por el despreciado samaritano, mientras los propios judíos pasan de largo, cruzando al otro lado del camino (Lc. 10,30-37).

Mientras que las multitudes se encariñaban con las palabras de Jesús, no a todos les gustaban sus parábolas. Después de una parábola en particular, los líderes judíos se enojaron tanto que quisieron arrestarlo (Mt. 21.45,46; Mc. 12.12; Lc. 20.19). Muchas de las parábolas de Jesús fueron contadas en el contexto de debates y controversias con sus adversarios (Mc. 3,22-27; Lc. 15,1-3). Para comprender el verdadero sentido de los relatos de Jesús, hay que leerlos bajo esta luz: ¡eran verdaderamente revolucionarios!

Gileade Fontoura - Pastor Sénior
Iglesia Columbus Assembly of God, USA

www.adcolumbus.org

Lindy and Friends | CURRÍCULO JESÚS ES MÍ GUÍA | EDAD 3-9 AÑOS

LECCIÓN 1

La Oveja Perdida

Me imagino que habrás escuchado grandes historias, unas te hicieron reír, otras quizás llorar. Pero ¿Quieres que te cuente algo hermoso? No hay historias más maravillosas que las que contó Jesús, a estas les llamamos parábolas. Ahora bien, ¿Qué tan grandiosas eran estas historias? Descúbrelo tú mismo. En esta serie sobre las parábolas de Jesús, no solo disfrutarás aprendiendo de ellas, sino que te darás cuenta, de que detrás de ellas, se esconden grandes verdades. ¡Vamos a conocerlas!

CONTEXTO BÍBLICO

La cercanía entre Jesús y los "recaudadores de impuestos y otras personas de mala fama" (Lucas 15.1) era algo inaceptable para los fariseos y los maestros de la Ley. Al fin y al cabo, los primeros eran considerados judíos traidores que se habían unido a Roma para extorsionar a sus compatriotas, mientras que los segundos eran considerados impuros. Por lo tanto, trataban a esas personas como indignas del amor y la misericordia de Dios. Es exactamente en este contexto en el que Jesús les propuso esta parábola, con un único énfasis, expresar el **amor de Dios por los perdidos** e indignos de la sociedad.

Versículo clave

Mateo 18:14
"Así también, el Padre de ustedes que está en el cielo no quiere que se pierda ninguno de estos pequeños."

Exploremos el texto

Mateo 18:10-14 (NVI)
10 "Miren que no menosprecien a uno de estos pequeños. 11 Porque les digo que en el cielo los ángeles de ellos contemplan siempre el rostro de mi Padre celestial. 12 ¿Qué les parece? Si un hombre tiene cien ovejas y se extravía una de ellas, ¿no dejará las noventa y nueve en las colinas para ir en busca de la extraviada? 13 Y si llega a encontrarla, les aseguro que se pondrá más feliz por esa sola oveja que por las noventa y nueve que no se extraviaron. 14 Así también, el Padre de ustedes que está en el cielo no quiere que se pierda ninguno de estos pequeños".

REFLEXIÓN

1. ¿Por qué crees que fue importante para aquel hombre ir por una sola oveja cuando tenía 99 cerca?

2. ¿Cómo relacionas esta historia con la misericordia de Dios en nuestras vidas?

Copyright © Lindy and Friends

Lindy and Friends | CURRÍCULO JESÚS ES MÍ GUÍA | EDAD 3-9 AÑOS

Sugerencias para la lección

Recuerda que los niños más pequeños no interpretan de la misma forma que los más grandes. Su capacidad de interpretación se limita a la repetición de lo que tú ya has dicho. Por eso, utiliza esto como tu mayor estrategia. Piensa muy bien cada palabra que dirás, cada una de ellas será de bendición para los niños, y de mucha ayuda para transmitir el objetivo de esta gran historia.

En esta lección, le enseñarás a los niños sobre la **Oveja Perdida**, así que es muy importante que siempre recuerdes, estás dos palabras.

Para hacer de esta historia una experiencia inolvidable, te invitamos a crear el mundo de Flofi. Puedes usar disfraces, pasto real, e incluso sonidos de ovejas para ambientar esta parábola.

INTRODUCCIÓN

Plantea a los niños las siguientes preguntas y establece un diálogo con ellos para introducirlos en el contexto de la Oveja Perdida.

¿Alguna vez has escapado o estado lejos de mamá y papá? Ush! Quizás al principio nos sentimos independientes y con toda la valentía de estar solos. Pero, cuando las horas pasan, empezamos a sentir un poco de miedo, inseguridad, y unas inmensas ganas de volver a casa.

¿Te imaginas lo preocupados que estarían tus padres? Te saldrían a buscar por todos lados. ¿Verdad que no se siente tan bien? ¡Claro que no!

¿Sabías qué esto también le pasó a Flofi? Una ovejita muy distraída que se perdió de la mirada de Kiki-Blue, su pastor. Flofi estaba tan sola y desesperada.

Lindy and Friends | CURRÍCULO JESÚS ES MÍ GUÍA | EDAD 3-9 AÑOS

ROMPEHIELO

Juego de la oveja perdida

MATERIALES: Vasos de cartón, pompones o algodón, cartulina negra o ganchitos pequeños para colgar, ojitos movibles, pegamento, tijeras.

Instrucciones:

1. Proporciona a los alumnos tres vasos de plástico, y un pompón o algodón, añade la silueta de la cara de una oveja.

2. Divídelos en pequeños grupos de cuatro o por parejas.

3. Un alumno será quien realice la acción de esconder la oveja debajo de un vaso, haciendo movimientos rápidos, cambiando de lugar y el otro adivinará dónde está oculta la oveja.

4. Intercambien lugares para que todos participen.

Querido maestro:

Esta es una gran oportunidad: tú y Flofi tienen el privilegio de sembrar esta hermosa historia en el corazón de los niños. No se trata solo de contar un relato, sino de abrir una ventana para que ellos descubran cuánto los ama **Dios y cómo pueden confiar en Él**.

Recuerda que para cumplir esta misión no necesitas muchas cosas, solo dos herramientas fundamentales: **la Palabra de Dios y la guía del Espíritu Santo**. Con ellas, tu enseñanza tendrá poder, claridad y vida.

Confía en que el Señor usará tu voz, tu ejemplo y hasta los gestos más sencillos para tocar los corazones de los pequeños. ¡Adelante! Tú y Flofi están a punto de llevar a los niños a una aventura maravillosa que nunca olvidarán.

Lindy and Friends | CURRÍCULO JESÚS ES MÍ GUÍA | EDAD 3-9 AÑOS

Los niños deben:

1. Conocer a la oveja Flofi y sus características.

2. Reflexionar sobre la historia de la Oveja Flofi relacionándola con situaciones de la vida diaria.

3. Relacionar la historia de la Oveja Flofi con la parábola de la Oveja perdida.

4. Realizar actividades que pongan en práctica las reflexiones de la historia de la Oveja Flofi.

¿Sabías qué?

Las ovejas son animales muy indefensos, y por esa razón siempre viven en rebaños. Cuando la amenaza se acerca, corren a refugiarse en el centro del grupo y así minimizan las posibilidades de ser devoradas. ¿Entiendes por qué Flofi no podía alejarse del rebaño?

SUGERENCIA: Mostrar video de ovejas en la vida real agrupándose en el corral.

Lindy and Friends | **CURRÍCULO JESÚS ES MÍ GUÍA** | **EDAD 3-9 AÑOS**

HISTORIA

Visual 1. Hoy vamos a aprender la historia de Flofi, la oveja perdida. Sigue la historia cuidadosamente y descubre lo que pasó con la pequeña oveja.

Visual 2. Flofi era una pequeña ovejita que vivía feliz en un valle muy hermoso, rodeada de colinas y pastos verdes donde podía correr y descansar.

Visual 3. Flofi tenía 99 ovejitas amigas. Siempre salían juntas a comer, brincar y cantar. Eran como una gran familia inseparable. En total, eran 100 ovejas felices en el rebaño.

Visual 4. Aquí está Kiki-Blue, el cuida de las ovejas. Durante el día el abre la puerta para que las ovejas salgan para comer y divertirse.

Visual 5. En la noche, Kiki-Blue siempre estaba muy atento para que ninguna ovejita se hiciera daño. Cada anochecer, cerraba con cuidado la puerta del corral, asegurándose de que todas estuvieran dentro. Así, las ovejas podían dormir tranquilas, y seguras.

Copyright © Lindy and Friends

Visual 6. Una mañana, Kiki-Blue abrió la puerta del corral para que las ovejitas salieran a jugar. De repente, todas corrieron tan rápido y felices que dejaron a Flofi atrás, caminando despacito.

Visual 7. Flofi se había quedado muy distraída, admirando todas las cosas bonitas a su alrededor. Miraba flores, mariposas y el cielo azul. Pero cuando levantó la vista, se dio cuenta de que sus amigas estaban muy lejos. Entonces comenzó a gritar con todas sus fuerzas: —¡Esperen, esperen!

Visual 8. Ella corrió cada vez más rápido para poderlas alcanzar pero estaba muy cansada y dejó de correr. Flofi las perdió de vista, ahora ella estaba sola y completamente perdida.

Visual 9. Las horas pasaban y la noche se acercaba. Una a una, las ovejitas regresaban al corral para descansar. Como siempre, Kiki-Blue comenzó a contarlas con cuidado: —1... 2... 3... Siguió contando: —20... 21... 22... y así hasta llegar a 99 ovejas. De inmediato notó que faltaba una. Él conocía a todas por su nombre, y supo enseguida que la que no estaba era Flofi. Con firmeza dijo:
—"Voy a dejar a las 99 seguras en el corral, y saldré a buscar a la que se ha perdido".

Visual 10. Era muy tarde, el sol ya se había escondido y solo la luz de la luna iluminaba el camino. Flofi se sentía muy triste y sola. Durante la noche caminaba, esperando encontrar el camino de regreso a casa... pero ya había llegado demasiado lejos. Ahora, la pequeña ovejita debía ser valiente para enfrentar la oscuridad y superar a los enemigos que la esperaban.

Lindy and Friends | CURRÍCULO JESÚS ES MÍ GUÍA | EDAD 3-9 AÑOS

Visual 11. De repente, en medio de la oscuridad, había un zorro que quería destrúirla. Luego, giró su cabeza hacia atrás y vió a un ladrón que quería robársela, y más atrás seguía un oso que quería comérsela. Flofi comenzó a correr desesperadamente, cada vez más de prisa. Todo estaba oscuro pero ella continuó corriendo por la cima de la montaña gritando: ¡socorro, socorro! Pero lo que ella no sabía era que se aproximaba cada vez más a un peñazco profundo y oscuro que podía causarle la muerte.

Visual 12. Kiki-Blue subió a una montaña muy alta y, con su lámpara, alumbró hasta lo más lejano. Así pudo ver al oso y al ladrón que querían hacerle daño a su pequeña oveja. Kiki-Blue era delgado y parecía débil, pero Dios estaba con él y le dio fuerzas extraordinarias. Con valentía, los agarró con toda su fuerza, y ni el oso ni el ladrón pudieron escapar. Entonces, Kiki-Blue los encerró en una jaula para que no volvieran a hacer daño. El ladrón y el oso estaban furiosos, porque sabían que sus días de maldad habían terminado.

Visual 13. Kiki-Blue había comenzado su búsqueda. Llevaba consigo su lámpara, una bolsa y su cayado. En su corazón no había duda: no podía rendirse hasta encontrar a su ovejita perdida. Con mucho coraje, dejó a las 99 seguras en el corral para ir en busca de una sola.
Entonces levantó su voz y gritó con fuerza: —¡Flofi, Flofi!
Pero en la noche silenciosa nadie le respondió...

Visual 14. Flofi comenzó a subir la montaña, pero la noche estaba tan oscura que no podía ver bien el camino. De pronto, sus pies resbalaron y cayó hacia un peñazco, quedando colgada de una rama delgada. Con lágrimas pensó: —"Voy a morir... nadie puede salvarme". Pero en ese mismo momento, Kiki-Blue seguía buscándola con su lámpara mientras subía la montaña. Con voz fuerte gritó: —"¡Flofi, Flofi!" Flofi escuchó la voz de su pastor y, con todas sus fuerzas, respondió: —"¡Aquí abajo... estoy aquí!"

Copyright © Lindy and Friends

Visual 15. ¿Crees que Kiki-Blue estaría dispuesto a arriesgar su vida por Flofi? ¡Sí! Él no dudaría en hacerlo, porque la amaba con todo su corazón. Sin pensarlo, Kiki-Blue tomó su cayado y lo extendió hacia el peñasco. —"¡Agárrate fuerte, Flofi!" —gritó con valor. Con gran fuerza y persistencia, tiró de ella hasta ponerla a salvo. Ese día, Flofi fue rescatada de la muerte gracias al amor de su pastor. Como dice la Biblia en Juan 10:11: "El buen Pastor da su vida por las ovejas".

Visual 16. Flofi estaba tan cansada y sus patitas lastimadas ya no la dejaban caminar. Entonces Kiki-Blue la levantó con amor y la puso sobre sus hombros.
Durante toda la noche caminó sin detenerse, decidido a llevarla de regreso a casa, sana y segura.

Visual 17. Al día siguiente, cuando el sol comenzó a brillar, Kiki-Blue y Flofi regresaron al rebaño. Todas las ovejitas corrieron a su encuentro y se reunieron felices con su amiga. Fue una gran celebración: brincaron, cantaron y jugaron todo el día, agradecidos porque Flofi estaba de regreso en casa. Flofi sabía que le debía la vida a su pastor, y desde ese día vivió siempre agradecida y feliz por lo que Kiki-Blue había hecho por ella. Así es también con nosotros: Jesús es nuestro Buen Pastor. Él dio su vida por nosotros, nos cuida y nunca se cansa hasta encontrarnos y traernos de vuelta a casa.

Lindy and Friends | CURRÍCULO JESÚS ES MÍ GUÍA | EDAD 3-9 AÑOS

MANUALIDADES

1. Crea la ovejita uniendo las partes y haciendo el cuerpo con crispetas.

2. Crea la cabeza de la ovejita con algodón, recorta y pega las orejitas.

3. Colorea la ilustración de la oveja siendo rescatada por el pastor.

"El buen pastor da su vida por las ovejas"
- Juan 10:11

Copyright © Lindy and Friends

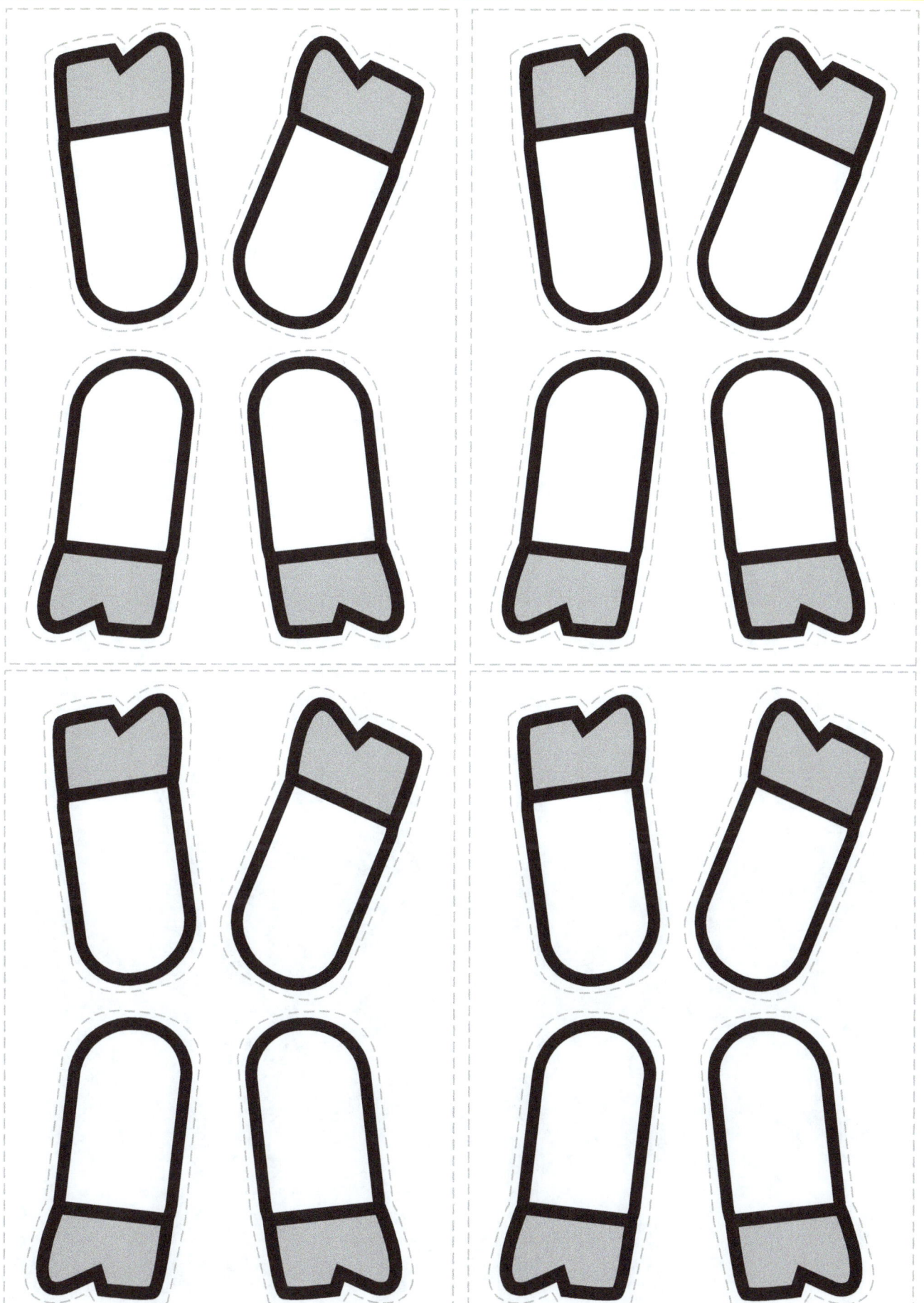

Lindy and Friends | CURRÍCULO JESÚS ES MÍ GUÍA | EDAD 3-9 AÑOS

Lindy and Friends | CURRÍCULO JESÚS ES MÍ GUÍA | EDAD 3-9 AÑOS

Lindy and Friends | CURRÍCULO JESÚS ES MÍ GUÍA | EDAD 3-9 AÑOS

Copyright © Lindy and Friends

Lindy and Friends | CURRÍCULO JESÚS ES MÍ GUÍA | EDAD 3-9 AÑOS

El Constructor Sabio

CONTEXTO BÍBLICO

En esta lección estudiaremos la historia de los dos constructores. Fue contada por Jesús para ilustrar algunas verdades espirituales sobre el peligro de escuchar Su Palabra y no seguirla. Veremos que obedecer es mejor que **"derrumbarse"**, pues vendrán tormentas, y solo aquellos que han edificado sus vidas sobre la roca firme de la obediencia incondicional a Dios permanecerán inamovibles.

Exploremos el texto

Mateo 7:24-29 (NVI)
24 "Por tanto, todo el que me oye estas palabras y las pone en práctica es como un hombre prudente que construyó su casa sobre la roca. 25 Cayeron las lluvias, crecieron los ríos, soplaron los vientos y azotaron aquella casa; con todo, la casa no se derrumbó porque estaba cimentada sobre la roca. 26 Pero todo el que oye mis palabras y no las pone en práctica es como un hombre insensato que construyó su casa sobre la arena. 27 Cayeron las lluvias, crecieron los ríos, soplaron los vientos y azotaron aquella casa. Esta se derrumbó y grande fue su ruina. 28 Cuando Jesús terminó de decir estas cosas, las multitudes se asombraron de su enseñanza, 29 porque enseñaba como quien tenía autoridad y no como los maestros de la Ley".

REFLEXIÓN

1 ¿Qué crees que representa la roca en la historia?

2 ¿Cómo ves reflejadas las tormentas, el viento y los ríos en nuestra vida cotidiana?

Versículo clave

Mateo 7:24
"Por tanto, todo el que me oye estas palabras y las pone en práctica es como un hombre prudente que construyó su casa sobre la roca."

Copyright © Lindy and Friends

Lindy and Friends | CURRÍCULO JESÚS ES MI GUÍA | EDAD 3-9 AÑOS

Sugerencias para la lección

En esta lección, enseñarás a los niños la **obediencia, la sabiduría y la prudencia** a la hora de tomar decisiones. Para hacer de esta historia una verdadera aventura, te invitamos a recrear el mundo del Constructor Sabio. Puedes utilizar arena, piedras e incluso el sonido de fuertes vientos y tormentas. Crear la atmósfera de esta parábola la hará inolvidable y los niños se sumergirán en ella con mayor atención.

INTRODUCCIÓN

Plantea a los niños las siguientes preguntas y establece un diálogo con ellos para introducirlos en el contexto del Constructor Sabio.

¿Alguna vez te has resbalado con una cáscara de plátano? ¿O simplemente paseabas por la calle y de repente te has caído? ¡Nos ha pasado a todos! ¿A qué se debe? Sin duda, a la falta de firmeza de nuestros pasos.

Lindy and Friends | CURRÍCULO JESÚS ES MÍ GUÍA | EDAD 3-9 AÑOS

ROMPEHIELO

Construyamos

MATERIALES: Bloques de construcción u objetos apilables.

Instrucciones:

1. Proporciona a los alumnos el mismo número de bloques y divídelos en pequeños grupos de 4-5. Los alumnos tienen que trabajar juntos para construir la torre.

2. Elabora un modelo de torre y muestra a los alumnos el objetivo final. El grupo que termine de construir la torre más rápido, utilizando todos los bloques, será el ganador de la dinámica.

3. Aprenderás mucho sobre quiénes son los líderes de tu clase, quién se frustra bajo presión, a quién no le gusta la confrontación y quién es un buen jugador de equipo.

Querido maestro:

En esta lección tienes el privilegio de ser un instrumento en las manos de Dios. Él te ha confiado la hermosa tarea de guiar a los niños en el conocimiento de la **sabiduría, la obediencia y la prudencia**, virtudes que transforman la vida y honran al Señor.

Transmitir estas verdades bíblicas no es solo enseñar conceptos: es **sembrar principios eternos en corazones tiernos** que están formando su carácter y su fe. Cada palabra que compartas, cada ejemplo que des y cada momento que inviertas dejará una huella que puede marcar la vida de estos pequeños para siempre.

Recuerda: tu labor es grandiosa porque participas en la misión de Dios de formar discípulos desde la infancia. Siembra con amor, paciencia y gozo, confiando en que el Espíritu Santo hará crecer lo que has sembrado.

Lindy and Friends | CURRÍCULO JESÚS ES MÍ GUÍA | EDAD 3-9 AÑOS

Los niños deben:

1. Conocer a dos personajes totalmente distintos: un sabio y un necio.

2. Conocer los resultados de cuando actuamos con sabiduría y cuando no.

3. Aprender qué representan en la historia la roca, los vientos y los ríos.

4. Comprender cómo podemos aplicar este mensaje a la vida cotidiana.

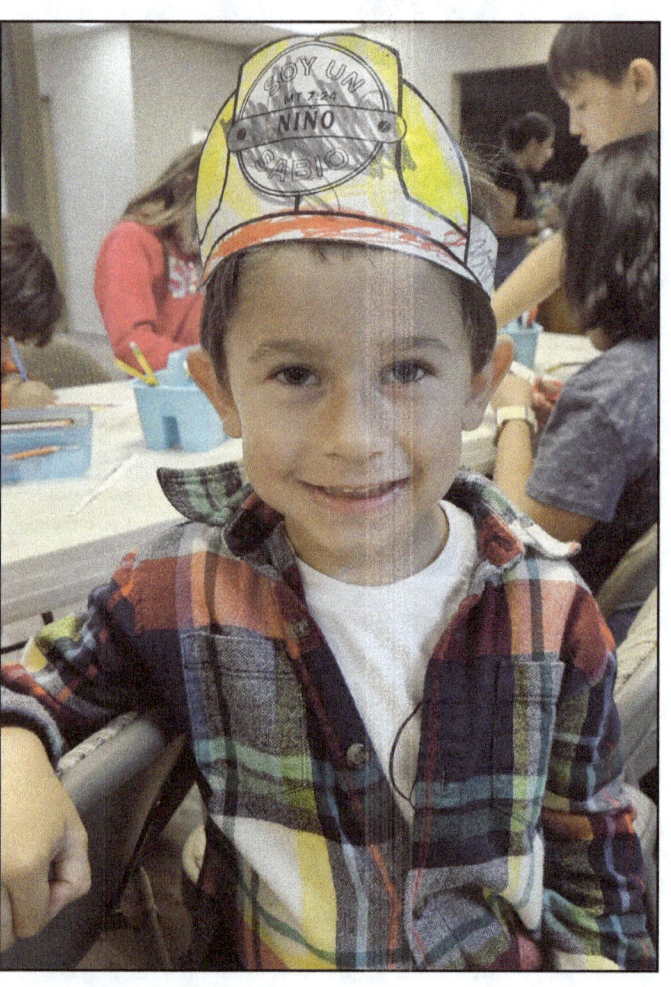

¿Sabías qué?

Después del experimento construyendo la torre en grupos, pide a los niños que estén atentos y formula la siguiente pregunta y comentario. Tras el diálogo, reproduce el vídeo sugerido.

¿Necesita un constructor conocer el terreno antes de empezar a construir? Sí, necesita planificar, organizar y programar todo lo que va a hacer antes de poner el primer ladrillo. Aquí nos damos cuenta de lo importante que es prepararse para construir y no actuar como un necio. Aprovecha este momento para explicar el significado de la palabra prudente; una persona sabia.

SUGERENCIA: Busca un vídeo adecuado para niños, que muestre a un constructor de la vida real planificando un proyecto antes de levantar un edificio.

Lindy and Friends | CURRÍCULO JESÚS ES MÍ GUÍA | EDAD 3-9 AÑOS

HISTORIA

Visual 1. Esta es la historia de Cheche, el niño sabio. Sigue la historia cuidadosamente.

Visual 2. El que oye las palabras de Jesús y las pone en práctica es comparado con un niño sabio. Erase una vez dos grandes amigos: Cheche y Fooly; los dos querían construir una casa linda, fuerte y muy estable. Entonces comenzaron a buscar un lugar donde construir sus casas.

Visual 3. Luego se reunieron, y Cheche dijo: Fooly, yo voy a construir mi casa en este lugar. Quiero mi casa sobre la roca, aunque tenga que hacer un orificio más profundo, tal vez sea más difícil y me demore más tiempo en terminarla; pero prefiero construir mi casa aquí. Después de todo mi esfuerzo, podré tener una casa fuerte, con fundamento.

Visual 4. Entonces Fooly se quedó un poco pensativo, y le dijo: Cheche, te voy a llevar al lugar donde yo quiero construir mi casa. Es un lugar extraordinario, tiene una vista hermosa, puedo respirar aire puro, ver el sol, la playa, las palmeras. Por lo tanto, construiré mi casa aquí, sobre la arena. Me voy a demorar menos tiempo porque no tengo que cavar profundo, voy a ahorrar dinero y tengo ya tantas ganas de vivir aquí que estoy seguro que no hay mejor lugar que este.

Visual 5. Fooly estaba tan convencido de construir su casa sobre la arena que Cheche no pudo hacer nada para evitarlo. Cheche insistió tanto que Fooly se puso muy bravo y dejó de hablarle. Al poco tiempo, Fooly se fue a construir su casa sobre la arena sin importarle los riesgos.

Copyright © Lindy and Friends

Visual 6. Días después, Cheche y Fooly compraron los materiales para construir sus casas, y empezaron la obra. Cheche inició su excavación para encontrar la roca, sabiendo que esto le llevaría más tiempo.

Visual 7. Y Fooly, muy feliz también, empezó su obra sobre la arena. Trabajaba día y noche para terminar lo más rápido posible, porque no aguantaba las ganas de disfrutar la vida en la playa.

Visual 8. Los dos habían comenzado la construcción el mismo día, pero resulta que Fooly terminó primero la casa que Cheche, y se mudó muy feliz para su linda casa en la playa.

Visual 9. Luego de haber terminado su casa, Fooly pasaba todos los días por donde Cheche y se burlaba, porque la casa de este último todavía no estaba terminada y tenía mucho trabajo por hacer. Le decía: "Cheche, ja, ja, ja, te dije que era más rápido y efectivo hacer la casa sobre la arena, no me hiciste caso". Pero Cheche no se distraía con nada y seguía haciendo su trabajo.

Visual 10. Meses después, Cheche terminó su casa sobre la roca y estaba muy feliz, porque sabía que todo su esfuerzo había válido la pena.

Visual 11. Fooly nunca más volvió a visitar a Cheche, porque estaba siempre muy ocupado cuidando y arreglando su casa. Ahora no tenía tiempo para jugar con Cheche, y vivía asoleándose y divirtiéndose en la playa; pescando, nadando con los delfines y buscando estrellitas de mar.

Visual 12. Un día Cheche y Fooly se enteraron que iba a venir una gran tormenta y empezaron a prepararse, protegiendo con tablas de madera todas las puertas y ventanas para que no se inundara la casa. Los dos estaban seguros que nada malo les pasaría.

Visual 13. De repente comenzó a caer la lluvia. "Ta,ta,ta,ta,ta"...

Visual 15. ...los fuertes vientos empezaron a soplar con furor, queriendo derribar todo lo que encontraban en medio de su camino.

Visual 14. ...acompañada de rayos estruendosos, y así los ríos crecieron...

Lindy and Friends | CURRÍCULO JESÚS ES MÍ GUÍA | EDAD 3-9 AÑOS

Visual 16. Con todo, la casa de Cheche permaneció firme y no se destruyó, porque estaba fundamentada sobre la roca.

Visual 17. De repente comenzó a caer la lluvia. "Ta,ta,ta,ta,ta"...

Visual 18. ...acompañada de rayos estruendosos, y los ríos se crecieron...

Visual 19. ...los fuertes vientos empezaron a soplar con furor hasta derribar completamente la casa de Fooly.

Visual 20. Después de unas horas cesó la tormenta. Fooly miraba con melancolía a su amigo Cheche y recordaba con gran pena todo los consejos que él le había dado; sólo al final Fooly entendió que su amigo Cheche quería lo mejor para él. La diferencia está en que Cheche fue sabio y Fooly fue necio.

Visual 21. ¿Quieres ser un niño obediente a la Palabra de Dios como Cheche? ¿O un niño desobediente como Fooly? ¿Y cuando vengan los problemas, enfermedades y demás cosas malas, como si fueran fuertes lluvias, ríos y vientos, tu vida va a estar sobre la roca? Jesús es la ROCA de nuestra salvación y en Él estaremos seguros.

Lindy and Friends | CURRÍCULO JESÚS ES MÍ GUÍA | EDAD 3-9 AÑOS

MANUALIDADES

Construir la casa sobre la roca y arena

MATERIALES:
Palitos de paleta, hoja para colorear con figura de una casa.

Instrucciones:

 1. Entrega a cada niño una página para colorear con la silueta de la casa y pídeles que elijan dos colores: gris para las rocas y marrón para la arena.

 2. Reparte los palitos de paleta para construir la casa sobre la roca y la casa destruida sobre la arena.

Gorro de constructor

MATERIALES:
Molde de gorro para construcción y colores.

Instrucciones:

 1. Entrega a cada niño(a) un gorrito para colorear y pide que escriban su nombre en la esquina para que no se confundan.

 2. Pega los extremos del gorrito para cerrarlo y luego ponérselo.

Copyright © Lindy and Friends

Construye la casa

1. Recorta la casa, las rocas y el letrero.
2. Pega todo sobre un palito de paleta. 
3. Recorta la excavadora y pega las partes.

Tarea en casa

Entrega a cada niño una página para colorear, y pide que pongan sus nombres en las hojas y permite que los niños se la lleven a casa.

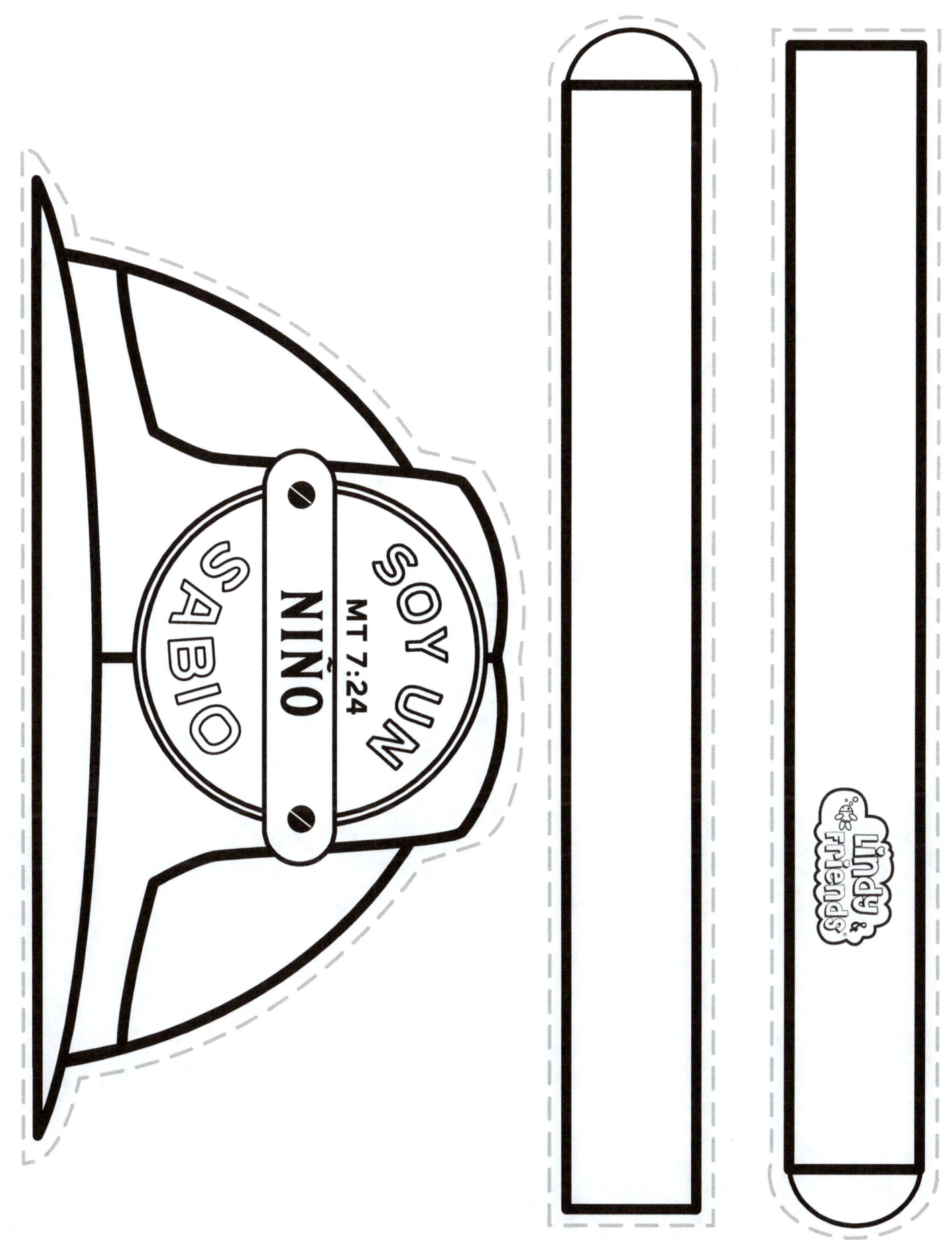

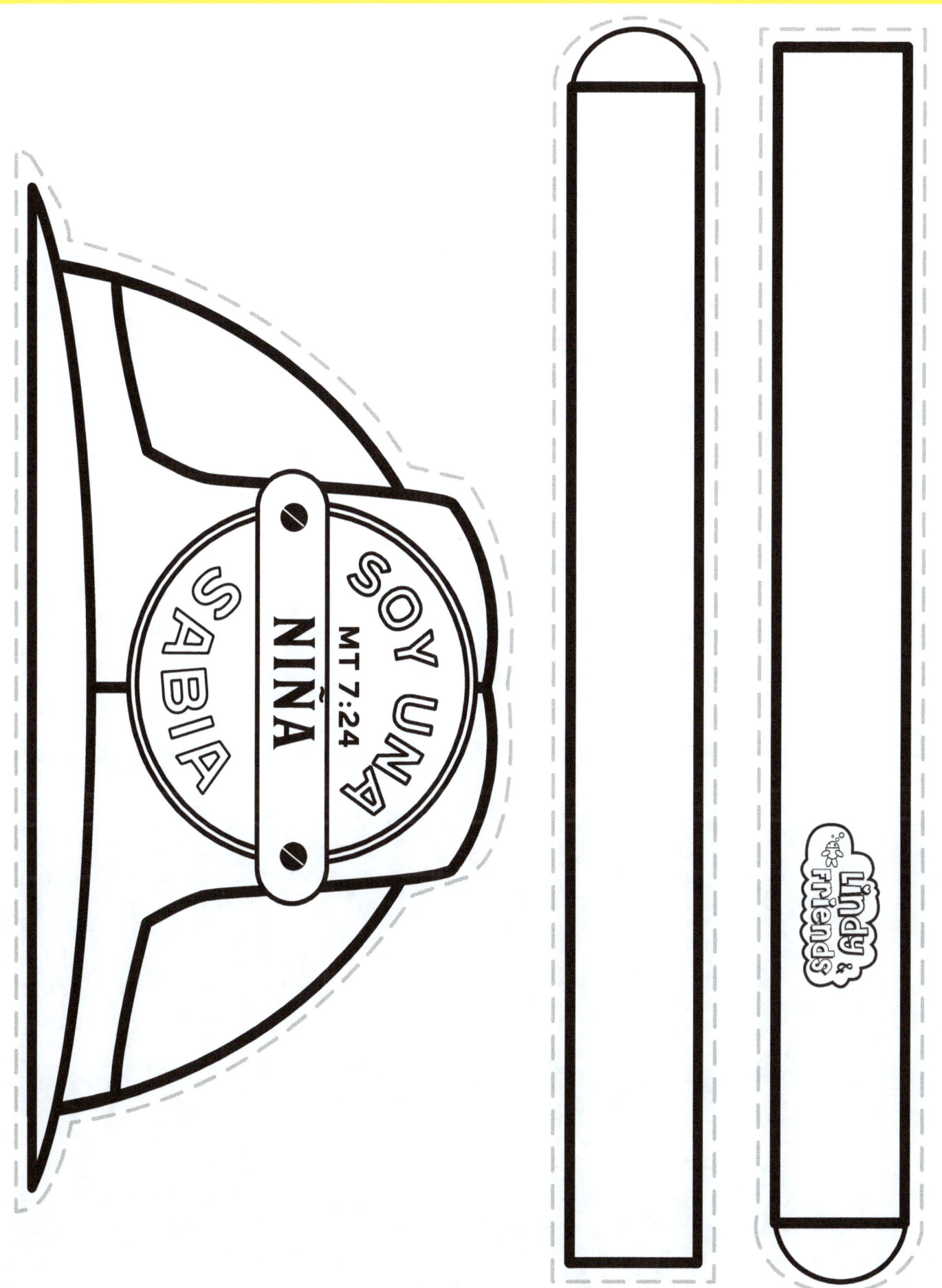

EL CONSTRUCTOR Sabio y Tonto
Mateo 7:24

Este hombre sabio construyó su casa sobre la ROCA.

Este hombre tonto construyó su casa sobre la ARENA.

SABIO

TONTO

Lindy and Friends | CURRÍCULO JESÚS ES MÍ GUÍA | EDAD 3-9 AÑOS

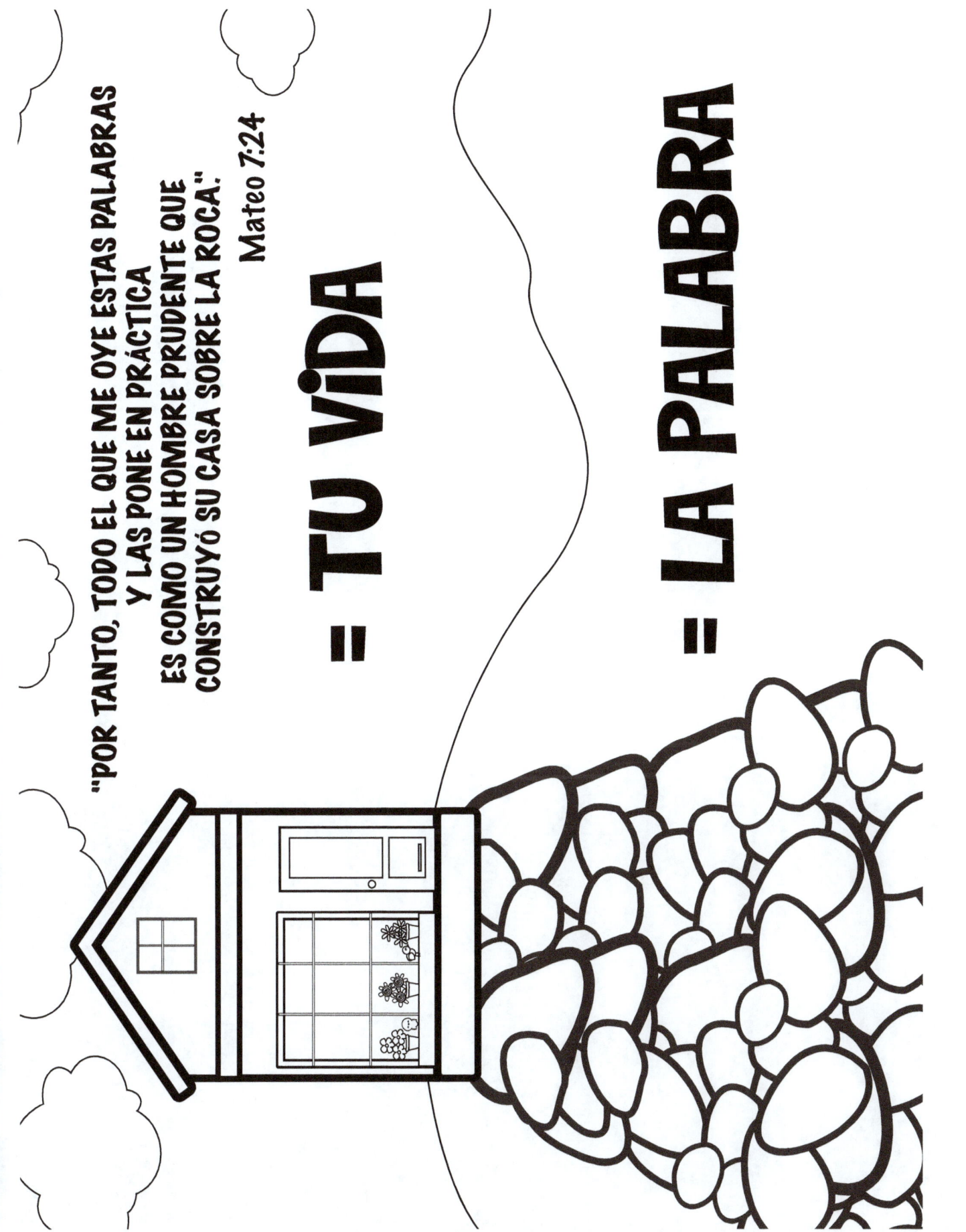

Lindy and Friends | CURRÍCULO JESÚS ES MÍ GUÍA | EDAD 3-9 AÑOS

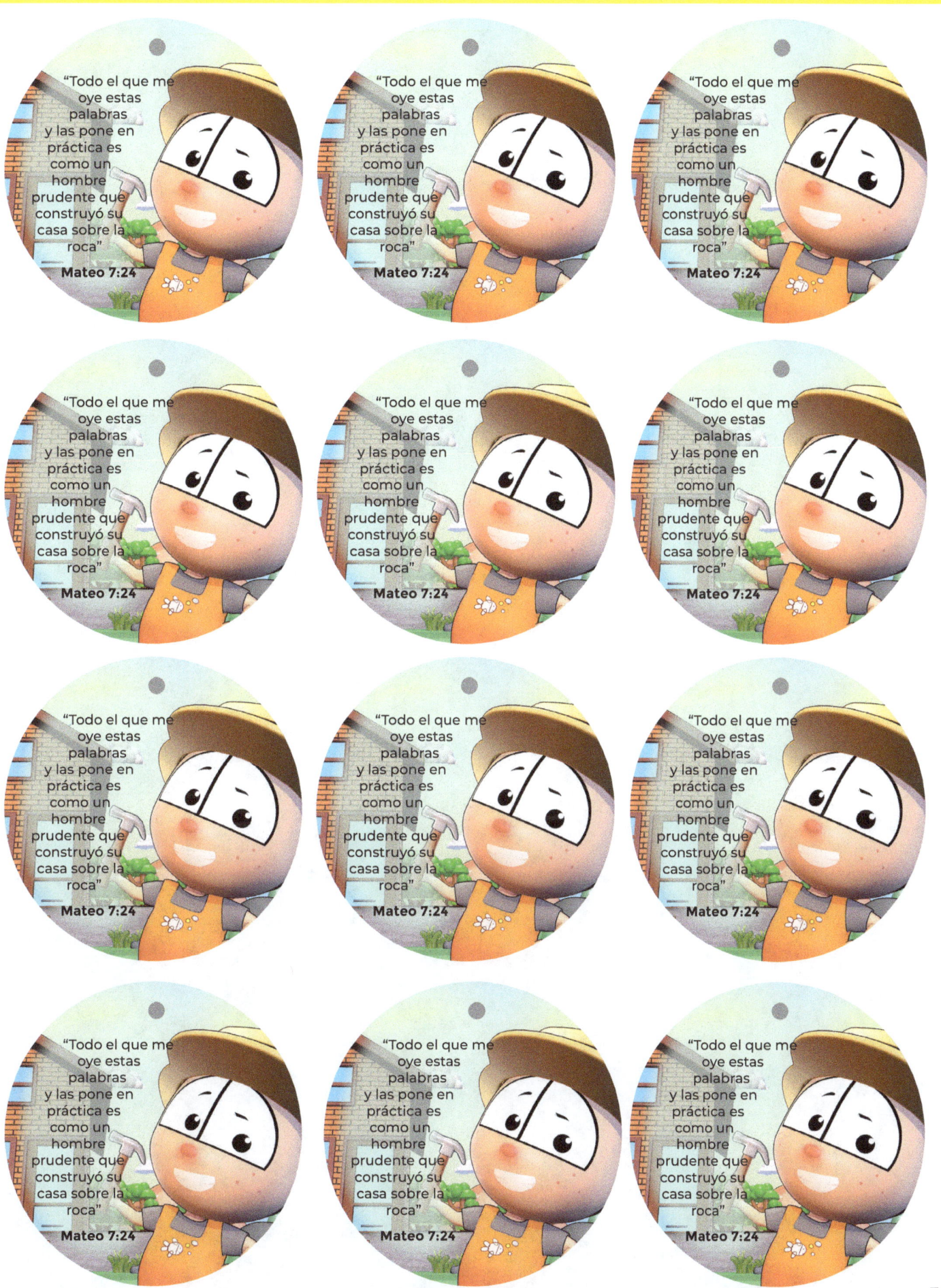

Copyright © Lindy and Friends

Lindy and Friends | CURRÍCULO JESÚS ES MÍ GUÍA | EDAD 3-9 AÑOS

LECCIÓN 3

El Sembrador

CONTEXTO BÍBLICO

La parábola de esta lección forma parte de un conjunto de otras seis parábolas relatadas por Mateo en el capítulo trece, cuyo objetivo es hablar del Reino de Dios. Describe cómo la **Palabra es predicada o sembrada**, como una semilla, en el corazón de las personas.

Exploremos el texto

Marcos 4:13-20 (NVI)

13 "¿No entienden esta parábola? —continuó Jesús—. ¿Cómo podrán, entonces, entender las demás? 14 El sembrador siembra la palabra. 15 Algunos son como lo sembrado junto al camino, donde se siembra la palabra. Tan pronto como la oyen, viene Satanás y les quita la palabra sembrada en ellos. 16 Otros son como lo sembrado en terreno pedregoso: cuando oyen la palabra, de inmediato la reciben con alegría, 17 pero como no tienen raíz, duran poco tiempo. Cuando surgen problemas o persecución a causa de la palabra, enseguida se apartan de ella. 18 Otros son como lo sembrado entre espinos: oyen la palabra, 19 pero las preocupaciones de esta vida, el engaño de las riquezas y muchos otros malos deseos entran hasta ahogar la palabra, de modo que esta no llega a dar fruto. 20 Pero otros son como lo sembrado en buen terreno: oyen la palabra, la aceptan y producen una cosecha que rinde treinta, sesenta y hasta cien veces más".

Versículo clave

Marcos 4:20
"Pero otros son como lo sembrado en buen terreno: oyen la palabra, la aceptan y producen una cosecha que rinde treinta, sesenta y hasta cien veces más".

REFLEXIÓN

1. ¿Qué tipo de tierra es tu vida en relación con las enseñanzas de Jesús?

2. ¿Cómo puedes poner en orden tus prioridades y evitar así tantas preocupaciones?

3. ¿Qué hábitos puedes poner en práctica cada día para lograr un mayor crecimiento espiritual?

Copyright © Lindy and Friends

Lindy and Friends | CURRÍCULO JESÚS ES MÍ GUÍA | EDAD 3-9 AÑOS

Sugerencias para la lección

En esta lección, le enseñarás a los niños que como hijos de Dios necesitan **escuchar, guardar y practicar la Palabra de Dios** para ser hijos que dan fruto.

Para generar un efecto sorpresa en los niños, te invitamos a crear el mundo del Sembrador. Puedes utilizar arena, ramitas, piedras, espinas e incluso un pájaro.

Dar vida a esta parábola con una atmósfera especial hará que los niños la recuerden siempre y presten más atención.

INTRODUCCIÓN

Plantea a los niños las siguientes preguntas y establece un diálogo con ellos para introducirlos en el contexto del Sembrador.

¿Alguna vez has pensado, cómo obtenemos los alimentos que comemos, como verduras, maíz, papas, arroz y frijoles? Son alimentos que consumimos casi a diario, pero a veces no nos detenemos a pensar en todo el trabajo que se realiza hasta que están listos para venderse en el mercado. Entonces los compramos y los preparamos para tener comida en la mesa. ¿Has estado en una granja y has visto cómo se cultiva la tierra? Se necesita mucho trabajo, paciencia y la ayuda de recursos naturales como el sol y la lluvia para que la cosecha sea un éxito.

Lindy and Friends | CURRÍCULO JESÚS ES MÍ GUÍA | EDAD 3-9 AÑOS

ROMPEHIELO

Las Semillas

MATERIALES: Vaso de plástico, algodón, semilla, jarra con agua.

Instrucciones:

1. Proporciona a los alumnos un vaso de plástico, una semilla y algodón. Ten preparada una jarra con agua para humedecer el algodón.

2. Escribe el nombre de cada niño en el exterior del vaso y pide a los alumnos que introduzcan el algodón dentro de la jarra con agua.

3. Humedece el algodón después de colocarlo dentro del vaso de plástico.

4. Coloca las semillas en medio del algodón mojado.

5. Con este experimento, los alumnos aprenden y comprenden el proceso de cultivo de una planta y la paciencia que requiere cuidarla y protegerla para que pueda dar fruto. Seguro estarán más agradecidos cuando coman sus alimentos y también comprenderán que Dios nos ha llamado a crecer y dar fruto en la tierra.

6. Al igual que las plantas obedecen el mandato de Dios, nosotros también debemos crecer en todos los ámbitos de la vida.

Querido maestro:

En esta lección tienes el privilegio de ser un **sembrador en las manos de Dios**. Cada palabra que compartes es como una semilla que cae en los corazones de los niños. Algunos estarán más listos para recibirla que otros, pero tu labor es sembrar siempre con amor, paciencia y fidelidad, confiando en que solo Dios es quien da el verdadero crecimiento.

A través de esta enseñanza, los niños descubrirán que existen diferentes tipos de creyentes —como los terrenos de la parábola—, y aprenderán que Jesús se complace en aquellos que perseveran, permanecen firmes, producen fruto abundante y alegran el corazón de Dios.

Recuerda siempre: lo que enseñas no se queda solo en palabras... tu enseñanza tiene el poder de **marcar vidas para la eternidad**. ¡Tu misión es grande y tu recompensa en el Señor es segura!

Copyright © Lindy and Friends

Lindy and Friends | CURRÍCULO JESÚS ES MÍ GUÍA | EDAD 3-9 AÑOS

Los niños deben:

1. Entender qué representan en la historia los tipos de tierra y el sembrador.

2. Identificar al enemigo en nuestras vidas (representado en la parábola como los pájaros y el ladrón).

3. Comprender que las turbulencias y tribulaciones de la vida nos alejan del Señor e impiden nuestro crecimiento espiritual.

4. Reconocer que como creyentes debemos perseverar en los caminos del Señor, reuniéndonos, alimentando nuestras almas a través de la Palabra de Dios y escuchándola en los servicios de la iglesia, orando y teniendo una vida devocional con Jesús.

5. Comprender cómo podemos aplicar este mensaje a la vida cotidiana.

¿Sabías qué?

Después del rompehielos con el experimento de las semillas, pide a los niños que presten atención, formula la siguiente pregunta y coméntala. Tras el diálogo, reproduce el vídeo sugerido a continuación.

¿Cuánto tiempo crees que tardará en crecer la semilla? ¿Tardará días, meses o años? La semilla necesita tiempo y minerales esenciales para crecer, como la tierra, el agua y el sol.

Aquí nos damos cuenta de lo importante que es recibir alimento para crecer no solo en cuerpo, sino también en alma y espíritu. Aprovechemos este momento para explicar el significado **de la ley de la siembra:** lo que siembres, también cosecharás. No podemos sembrar naranjas y esperar cosechar fresas, tenemos que sembrar buenas obras que agradan a Dios para poder cosechar también buenas obras.

SUGERENCIA: Busca un video que muestre el proceso de crecimiento de las semillas.

HISTORIA

Visual 1. Esta es la historia de Cheche el niño sembrador...

Visual 2. Un día Jesús salió de su casa y se sentó a la orilla del mar, pero había una gran multitud a su alrededor. Por eso tuvo que entrar en una barca en cuanto el pueblo comenzó a reunirse en la playa. Entonces Jesús comenzó a hablar muchas cosas en parábolas. Una parábola es una historia corta, real o inventada pero no de mentiras que Jesús usaba para comparar y enseñar verdades espirituales.

Visual 3. El sembrador salió a sembrar, mientras sembraba la semilla parte de ella cayó a la orilla del camino y las aves vinieron y se la comieron. Mientras sembraba la semilla parte de ella cayó a la orilla del camino y las aves vinieron y se la comieron.

Visual 4. Parte de ella cayó en terreno pedregoso, donde no había mucha tierra y luego brotó porque la tierra no era profunda.

Lindy and Friends | CURRÍCULO JESÚS ES MÍ GUÍA | EDAD 3-9 AÑOS

Visual 5. Pero cuando salió el sol, las plantas se quemaron y se secaron porque no tenía raíz.

Visual 6. Otra parte cayó entre espinos que crecieron y cubrieron las plantas y no produjeron frutos.

Visual 7. Los espinos crecieron y cubrieron las plantas y no produjeron frutos.

Visual 8. Otra cayó en buena tierra y dió buena cosecha.

Visual 9. La semilla creció y se multiplicó al 100, al 60 y al 30x1.

Visual 10. El sembrador llevó de vuelta una cosecha fructífera.

Visual 11. Cuando muchas personas se fueron y Jesús se quedó con sus discípulos, ellos le preguntaron sobre el significado de la parábola porque no entendían nada.

Visual 12. Jesús entonces comenzó a explicar a sus discípulos el significado de la parábola. El sembrador es quien predica la palabra.

Visual 13. La semilla que cayó junto al camino y los pájaros se la comieron, representa cuando el enemigo viene y arraza lo que fue sembrado en el corazón de las personas.

Visual 14. La semilla que fue sembrada en el terreno pedregoso representa aquel que escucha la palabra y la recibe con alegría. Pero no tiene raíz, permanece poco tiempo porque cuando vienen las tribulaciones o es perseguido por la palabra, le dan la espalda a Jesús.

Visual 15. La semilla que fue sembrada entre los espinos representa a aquel que oye la Palabra pero las preocupaciones de esta vida y el engaño de las riquezas lo abruman y no crece.

Visual 16. Y finalmente la semilla sembrada en buena tierra representa a aquel que oye la Palabra, la entiende, da una cosecha de 100, 60 y 30x1. ¡Sí! Queremos ser los niños que produzcan mucho fruto, en todo lugar. Deseamos que nuestras vidas sean hechas de amor, gozo, paz, paciencia, bondad, fe, mansedumbre y templanza.

Lindy and Friends | CURRÍCULO JESÚS ES MÍ GUÍA | EDAD 3-9 AÑOS

MANUALIDADES

Sembrador de la palabra

MATERIALES: Platos de papel, tijeras punta roma, pegamento, hoja de actividad para recortar al Sembrador y los cuatro terrenos.

Instrucciones:

 Entrega a cada alumno la hoja para recortar al sembrador y los cuatro terrenos.

 Permite que el niño recorte y luego pegue los recortes sobre el plato de papel.

Página para colorear con texturas

MATERIALES: Colores, plantilla para colorear, pegamento, texturas para los 4 tipos de tierra, Pájaros- plumas sintéticas, Piedras - cartulina color gris, Espinos - ramitas secas, Buena tierra - hierva verde, y pin para papel para hacer rotar el círculo.

Instrucciones:

 Entrega a cada alumno la plantilla para colorear y los elementos que corresponden a los tipos de tierra de la parábola.

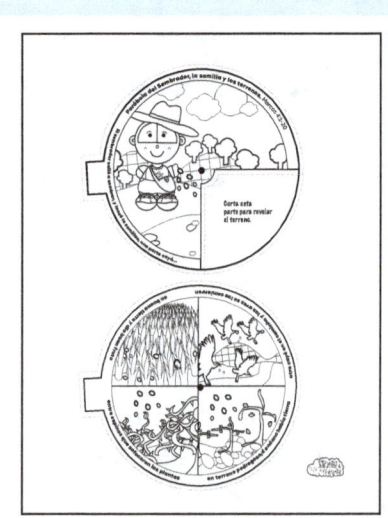

Copyright © Lindy and Friends

Lindy and Friends | CURRÍCULO JESÚS ES MÍ GUÍA | EDAD 3-9 AÑOS

Tarea en casa

Entrega a cada alumno la plantilla para colorear. Para esta lección tienes dos opciones.

DIDÁCTICA

MATERIALES: Arena, piedras, ramas secas, espinas, ramas con fruta, un pajarito, vasos o macetas plásticas transparentes, cartel blanco con un dibujo del sembrador, adhesivos o pegatinas blancas.

Instrucciones:

 Utiliza un vaso para cada suelo y escribe los tipos de suelo respectivos en las pegatinas.

 Distribuye los elementos según la parábola.

 Permite que los niños toquen para estimular sus sentidos, siempre toma en cuenta no forzar a aquellos que no desean hacerlo.

Lindy and Friends | CURRÍCULO JESÚS ES MÍ GUÍA | EDAD 3-9 AÑOS

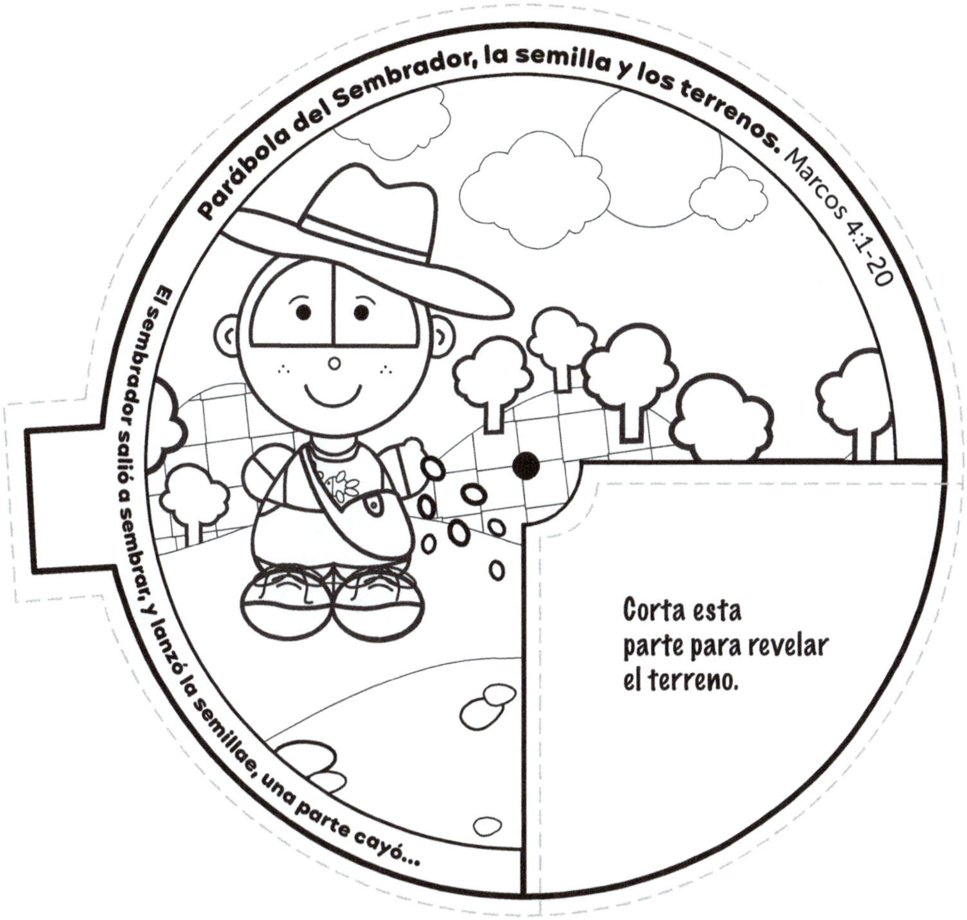

Lindy and Friends | CURRÍCULO JESÚS ES MÍ GUÍA | EDAD 3-9 AÑOS

Parábola del Sembrador, la semilla y los terrenos. Marcos 4:1-20

El sembrador salió a sembrar, y lanzó la semilla; una parte cayó...

Corta esta parte para revelar el terreno.

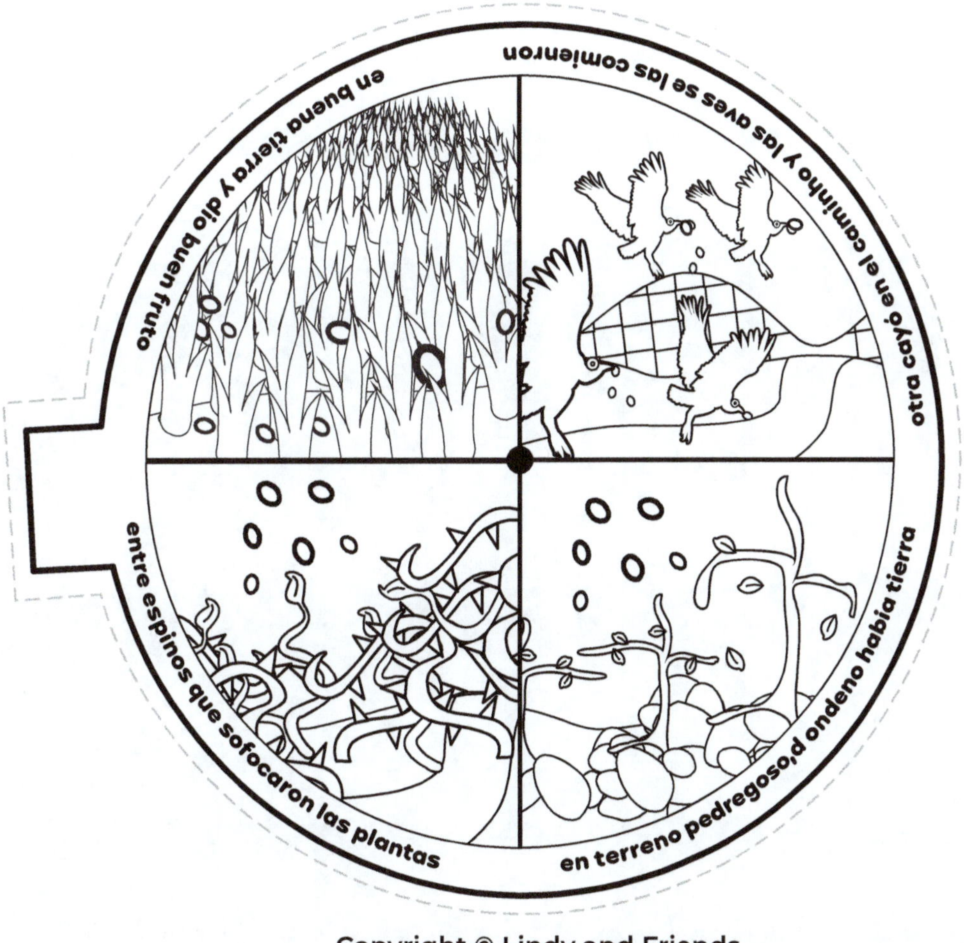

en buena tierra y dio buen fruto

y las aves se las comieron

otra cayó en el caminito

en terreno pedregoso, d ondeno había tierra

entre espinos que sofocaron las plantas

Lindy and Friends | **CURRÍCULO JESÚS ES MÍ GUÍA** | EDAD 3-9 AÑOS

Lindy and Friends | **CURRÍCULO JESÚS ES MÍ GUÍA** | EDAD 3-9 AÑOS

Lindy and Friends | CURRÍCULO JESÚS ES MÍ GUÍA | EDAD 3-9 AÑOS

LECCIÓN 4

Las Diez Vírgenes

CONTEXTO BÍBLICO

Los capítulos 24 y 25 de Mateo se conocen como "El sermón profético del Monte de los Olivos". En ellos, Jesús trató asuntos relativos a Su Segunda Venida y al tiempo del fin. En la lección de hoy, analizaremos una parábola contada por Jesús para enseñar a sus discípulos lo **imprevisible de su venida**, y la necesidad de estar preparados para ese momento.

Exploremos el texto

Mateo 25:1-13 (NVI)

1 »El reino de los cielos será entonces como diez jóvenes solteras que tomaron sus lámparas y salieron a recibir al novio.
2 Cinco de ellas eran insensatas y cinco, prudentes.
3 Las insensatas llevaron sus lámparas, pero no se abastecieron de aceite.
4 En cambio, las prudentes llevaron vasijas de aceite junto con sus lámparas.
5 Y como el novio tardaba en llegar, a todas les dio sueño y se durmieron.
6 A medianoche se oyó un grito: "¡Ahí viene el novio! ¡Salgan a recibirlo!".
7 Entonces todas las jóvenes se despertaron y se pusieron a preparar sus lámparas.
8 Las insensatas dijeron a las prudentes: "Dennos un poco de su aceite porque nuestras lámparas se están apagando".
9 "No —respondieron estas—, porque así no va a alcanzar ni para nosotras ni para ustedes. Es mejor que vayan a los que venden aceite y compren para ustedes mismas".
10 Mientras iban a comprar el aceite, llegó el novio. Las jóvenes que estaban preparadas entraron con él al banquete de bodas. Y se cerró la puerta.
11 Después llegaron también las otras. "¡Señor, Señor —decían—, ábrenos!".
12 "¡Les aseguro que no las conozco!", respondió él.
13 »Por tanto —agregó Jesús—, manténganse despiertos porque no saben ni el día ni la hora.

Versículo clave

Mateo 25:13
"Por tanto —agregó Jesús—, manténganse despiertos porque no saben ni el día ni la hora."

REFLEXIÓN

 ¿Estás preparado para la segunda venida de Jesús?

 ¿Qué cosas en tu vida podrían estar alejándote de la presencia del Señor?

 ¿Qué hábitos puedes poner en práctica cada día para lograr un mayor crecimiento espiritual?

Copyright © Lindy and Friends

Lindy and Friends | CURRÍCULO JESÚS ES MÍ GUÍA | EDAD 3-9 AÑOS

Sugerencias para la lección

En esta lección impactante enseñarás a los niños a vivir una vida en **santidad, velar, perseverar y estar listos** para la segunda venida del Señor.

Los niños aprenderán sobre Las diez vírgenes, y para generar un mayor impacto te invitamos a ser muy recursivo.

Puedes utilizar vestidos para vestir a 10 niñas de la clase con túnicas blancas, farolillos, y jarras de aceite. Recuerda que los niños aprenden de manera práctica y visual. Al ambientar la parábola de forma creativa, los niños se sentirán dentro de la historia y la escucharán con mayor interés.

 ¿Te has preguntado alguna vez cómo vivía la gente antes de que existiera la electricidad?

La humanidad no siempre ha tenido el privilegio de disponer de luz en las ciudades y en los interiores. Hace más de 200 años el mundo era muy diferente, y el aceite de oliva era un elemento muy caro y esencial para la supervivencia en el mundo antiguo. Sin aceite, la gente no podía encender sus lámparas para ver en la oscuridad de la noche.

 ¿Te imaginas vivir sin electricidad, wifi, iPad, teléfono, videojuegos o televisión?

Hay niños en todo el mundo que no tienen los privilegios que tenemos en muchos países del mundo. Muchos niños pasan hambre porque sus padres no tienen trabajo o dinero para cubrir sus necesidades básicas, muchos ni siquiera pueden ir a la escuela porque no tienen acceso a un sistema educativo. Incluso si tuvieran acceso, a veces las escuelas no están bien preparadas para ofrecer una buena educación.

Lindy and Friends | CURRÍCULO JESÚS ES MÍ GUÍA | EDAD 3-9 AÑOS

ROMPEHIELO

Lámpara de lava

MATERIALES: 1 lámpara redonda de pila, vinagre, aceite vegetal, bicarbonato de sódio, colorante verde para alimentos, 2 vasos de vídrio transparente, 1 cuchara de mesa.

Instrucciones:

1. Vierte 3 cucharadas de bicarbonato de sódio dentro del primer vaso de vídrio.

2. Luego vierte una buena cantidad de aceite vegetal dentro del primer vaso de vídrio que contiene el bicabornato de sódio hasta casi llenarlo, pero no debes mezclar los ingredientes. Debes dejar un espacio en el vaso para el siguiente paso.

3. Usa el segundo vaso para vertir vinagre de acuerdo a la cantidad que falta para llenar totalmente el primer vaso.

4. Coloca dentro del segundo vaso 10 gotas del colorante verde. Mezcla bien el vinagre y el colorante.

5. Por último vierte toda la mezcla del segundo vaso (vinagre y colorante) dentro del primer vaso.

6. ¡Ahora permite a los niños disfrutar visualmente la reacción química de los ingredientes!

Lindy and Friends | CURRÍCULO JESÚS ES MÍ GUÍA | EDAD 3-9 AÑOS

Querido maestro:

En esta lección tendrás la hermosa tarea de enseñar a los niños la importancia de **estar preparados para la segunda venida del Señor**. Este es un mensaje que no solo forma su fe desde pequeños, sino que los inspira a vivir cada día con propósito.

Ayúdalos a comprender que prepararse significa **orar y hablar con Jesús cada día**, obedecer a sus padres y maestros, y también ser bondadosos, generosos y dispuestos a compartir con los demás mientras tenemos tiempo aquí en la tierra.

Recuerda: lo que siembres hoy en sus corazones puede marcar la manera en que vivan su fe por el resto de sus vidas. Enseñarles a esperar al Señor con alegría y fidelidad es una misión grandiosa, y Dios te ha escogido como instrumento para guiar a sus pequeños hacia esa esperanza.

Los niños deben:

1. Comprender que las vírgenes representan a las Iglesias (5 prudentes, 5 insensatas).
2. Identificar los obstáculos diarios que nos distraen.
3. Comprender que Jesús vendrá por una iglesia que sea pura y sin mancha.
4. Reconocer que debemos procurar vivir una vida que agrade al Señor.

¿Sabías qué?

En tiempos bíblicos, las bodas no eran de un solo día, ¡sino que podían durar hasta una semana entera! (Jueces 14:12). El novio solía llegar de noche acompañado de una procesión con antorchas o lámparas, y todos los invitados esperaban para entrar juntos a la gran fiesta.

Esto explica por qué las 10 vírgenes de la parábola estaban esperando con lámparas: no sabían exactamente cuándo llegaría el novio, pero querían estar listas para entrar a la fiesta en cuanto apareciera.

SUGERENCIA: Busca un vídeo adecuado para niños, que enseñe sobre el descubrimiento de la luz.

Lindy and Friends | CURRÍCULO JESÚS ES MÍ GUÍA | EDAD 3-9 AÑOS

HISTORIA

Visual 1. Esta es la historia de la parábola de las diez vírgenes!

> "Manténganse despiertos porque no saben ni el día ni la hora."
>
> Mateo 25. 13

Visual 2. Era un momento muy especial que Lindy estaba esperando ansiosamente: una noche de diversión con sus amigos.
Lindy hizo una lista, y ninguno de ellos podía faltar. Entonces preparó sándwiches, perros calientes, palomitas, jugo y pizza.
¡Hurra! Todo estaba listo.

Visual 3. Los amiguitos llegaron y todo era pura alegría. Jugaron a las escondidas, a los videojuegos, cantaron y comieron. Entonces llegó el momento más esperado: la hora de la historia.

Visual 4. Lindy estaba muy emocionada, finalmente iba a contar una parábola de la Biblia.
Cheche preguntó:
—Lindy, ¿qué es una parábola?
Lindy le respondió:
—La parábola es una historia contada para enseñar muchas verdades.
Luego Lindy les dijo a sus amigos:
—¡Les voy a contar la parábola de las diez vírgenes!

Copyright © Lindy and Friends

Visual 5. Entonces ella juntó varias linternas y se las dio a sus amigos. Todos las encendieron y Lindy comenzó a contar:
—Había diez novias que estaban esperando a su novio desde hacía algún tiempo. Ellas no sabían a qué hora iba a llegar para celebrar las bodas, por eso debían estar preparadas.

Visual 6. Cheche dijo:
—¡Yo sé, yo sé! Ellas tenían que estar vestidas de novia con ropas blancas.
Flofi levantó la mano y preguntó:
—¿Ellas no se podían ensuciar?
Lindy respondió:
—No, de ninguna forma.

Visual 8. Flofi susurra: ¡wow!

Visual 7. Lindy continuó hablando:
—En esa época no había electricidad, así que ellas tenían que tener aceite en sus vasijas y, cuando estuviera por acabarse, debían colocar más aceite en sus lamparitas.

Visual 9. Lindy continuó la historia con mucho entusiasmo:
—Eran diez novias, ¡muchas! ¿No? Entonces, conforme pasaban las horas, les dio sueño y se durmieron. Pero cuando despertaron... ¿saben lo que pasó?
Todos preguntaron:
—¿Qué? ¿Qué?

Lindy and Friends | **CURRÍCULO JESÚS ES MÍ GUÍA** | **EDAD 3-9 AÑOS**

Visual 10. Cinco de ellas ya se habían quedado sin aceite y pidieron a las otras cinco que les compartieran, porque el suyo se había terminado.

Visual 11. A pesar de que las otras tenían aceite, no les compartieron. Entonces ellas tuvieron que salir a comprar más.
Cheche dijo:
—¡Qué pena! Ellas tuvieron tanto tiempo para mantener sus lámparas llenas, pero no lo hicieron. Qué triste, ¿no es cierto, Lindy?
Lindy asintió con la cabeza, confirmando las palabras de Cheche.

Visual 12. Y así continuó la historia: entonces llegó el novio, y las cinco que tenían aceite entraron a la fiesta de la boda.

Visual 13. Flofi, súper curiosa, preguntó:
—¿Y las otras cinco?

Visual 14. Lindy, muy concentrada en la historia, dijo:
—Ellas se quedaron fuera de la fiesta porque no se prepararon. ¡Imagínense! Para poder recibirlos en mi casa, yo me preparé: organicé la casa y el patio para que ustedes jugaran, preparé snacks y las linternas para que todo estuviera lindo. Así también debemos prepararnos, amiguitos.

Lindy and Friends | CURRÍCULO JESÚS ES MÍ GUÍA | EDAD 3-9 AÑOS

Visual 15. Pues Jesús, al igual que aquel novio, vendrá a buscarnos, y no sabemos ni el día ni la hora.

Visual 16. Todos aplaudieron, oraron y disfrutaron de una linda tarde entre amigos, aprendiendo más de la Palabra de Dios.

MANUALIDADES

- Distribuye el diseño de la lamparita. Los niños deberán recortar siguiendo las líneas centrales y luego armar la lámpara pegándola.

- Lleva velas de bateria pequeñas para colocar dentro de las lámparas de papel.

- Entrega una página para colorear a cada niño, y permite que escriban su nombre y lo lleven para trabajar en casa.

Lamparita

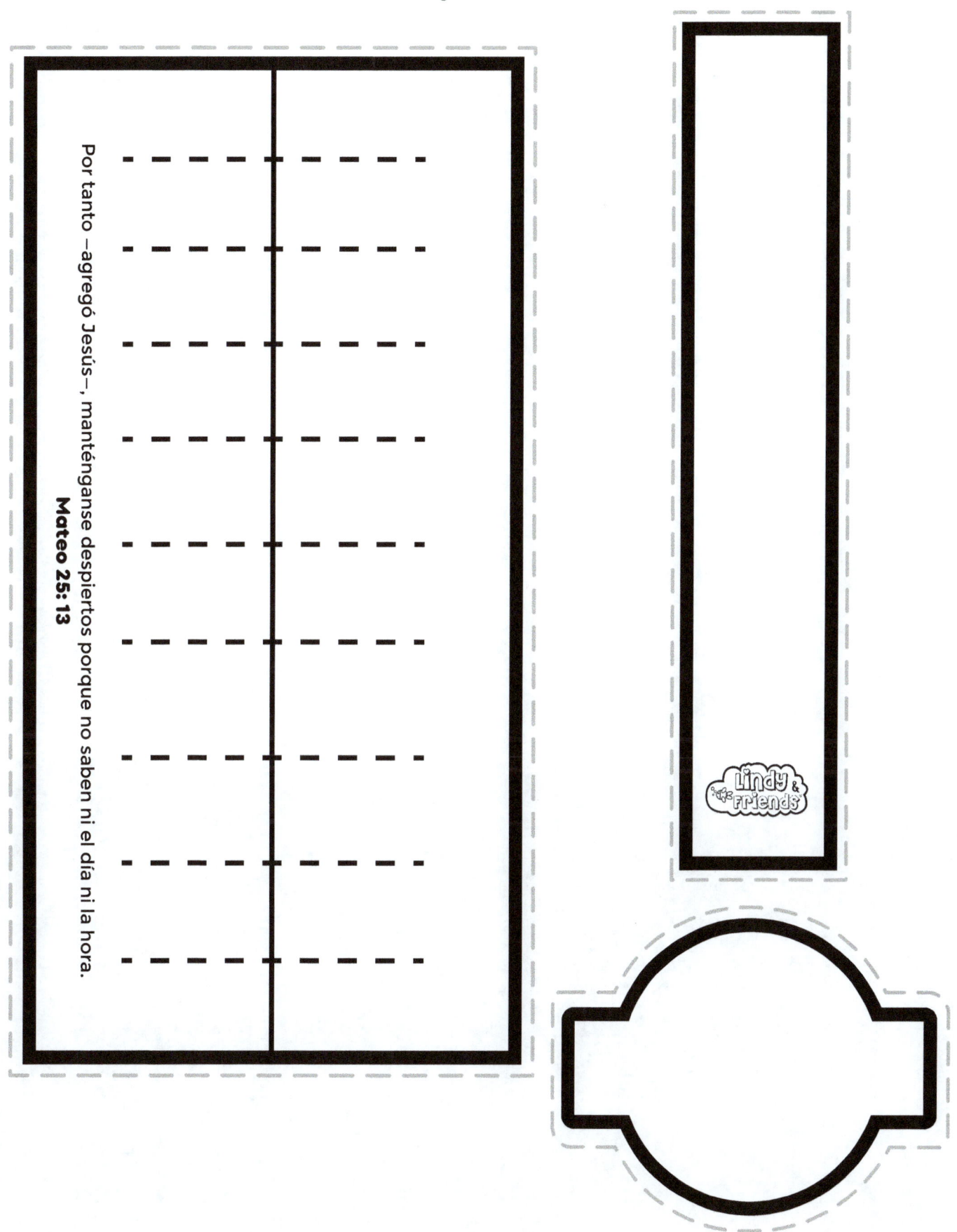

Por tanto —agregó Jesús—, manténganse despiertos porque no saben ni el día ni la hora.

Mateo 25: 13

Lindy and Friends | **CURRÍCULO JESÚS ES MÍ GUÍA** | **EDAD 3-9 AÑOS**

Copyright © Lindy and Friends

Lindy and Friends | CURRÍCULO JESÚS ES MÍ GUÍA | EDAD 3-9 AÑOS

LECCIÓN 5

El Empleado Malo

CONTEXTO BÍBLICO

La lección de hoy se centra en la parábola del siervo malo. Después de oír a Jesús hablar de la importancia de corregir a un hermano descarriado, Pedro pregunta cuántas veces debe perdonar a un hermano. Sugiere que siete veces es un buen número. Confiado en que su propuesta era suficiente, Pedro se siente algo sorprendido por Jesús cuando le enseña que debe perdonar tantas veces como sea necesario (Mt 18, 21.22).

Jesús le cuenta entonces una historia para **ilustrar la importancia del perdón** y la gravedad de negárselo a quien lo necesita (v. 23-35). Sin duda, Jesús conocía la complejidad de este tema, pero no dejó de abordarlo. La parábola del hombre endeudado sin compasión nos muestra profundas reflexiones sobre nuestra condición de pecadores y el acto voluntario y misericordioso de Dios de perdonarnos. También nos enseña la respuesta que el Señor espera que ofrezcamos a nuestro prójimo.

Versículo clave

Mateo 6:14
"Porque si perdonan a otros sus ofensas, también los perdonará a ustedes su Padre celestial."

Exploremos el texto

Mateo 18: 21-35 (NVI)

21 Pedro se acercó a Jesús y preguntó:
—Señor, ¿cuántas veces tengo que perdonar a mi hermano que peca contra mí? ¿Hasta siete veces?

22 —No te digo que hasta siete veces, sino hasta setenta veces siete[a] —contestó Jesús—.

23 "Por eso el reino de los cielos se parece a un rey que quiso ajustar cuentas con sus siervos.

24 Al comenzar a hacerlo, se presentó uno que le debía diez mil monedas de oro.

25 Como él no tenía con qué pagar, el señor mandó que lo vendieran a él, a su esposa y a sus hijos y todo lo que tenía, para así saldar la deuda.

26 El siervo se postró delante de él. "Tenga paciencia conmigo —rogó—, y se lo pagaré todo".

27 El señor se compadeció de su siervo, perdonó su deuda y lo dejó en libertad.

28 "Al salir, aquel siervo se encontró con uno de sus compañeros que le debía cien monedas de plata. Lo agarró por el cuello y comenzó a estrangularlo. "¡Págame lo que me debes!", exigió.

29 Su compañero se postró delante de él. "Ten paciencia conmigo —rogó—, y te lo pagaré".

30 Pero él se negó. Más bien fue y lo hizo meter en la cárcel hasta que pagara la deuda.

Copyright © Lindy and Friends

Lindy and Friends | CURRÍCULO JESÚS ES MÍ GUÍA | EDAD 3-9 AÑOS

31 Cuando los demás siervos vieron lo ocurrido, se entristecieron mucho y fueron a contarle a su señor todo lo que había sucedido.

32 Entonces el señor mandó llamar al siervo. "¡Siervo malvado! —le dijo—, te perdoné toda aquella deuda porque me lo suplicaste.

33 ¿No debías tú también haberte compadecido de tu compañero, así como yo me compadecí de ti?".

34 Y enojado, su señor lo entregó a los carceleros para que lo torturaran hasta que pagara todo lo que debía.

35 "Así también mi Padre celestial los tratará a ustedes, a menos que cada uno perdone de corazón a su hermano".

Sugerencias para la lección

En esta lección, le enseñarás a los niños sobre la **cantidad, la frecuencia y la humildad** al momento de pedir perdón a Dios u otra persona.

El perdón es algo que Dios nos enseña a practicar todos los días, tantas veces como sea necesario y con todos los que nos ofenden. No es fácil perdonar siempre, pero debemos hacerlo porque es un mandato de Dios ¡perdonar a todos los que nos ofenden! Anima a los niños a pensar en situaciones o personas que deben perdonar.

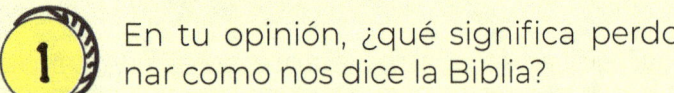 En tu opinión, ¿qué significa perdonar como nos dice la Biblia?

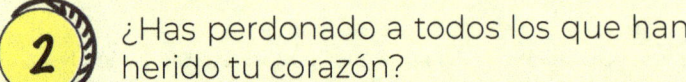 ¿Has perdonado a todos los que han herido tu corazón?

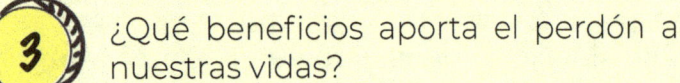 ¿Qué beneficios aporta el perdón a nuestras vidas?

4. Cuando perdonamos, nos liberamos de toda raíz de amargura, de las prisiones emocionales, y al mismo tiempo extendemos la gracia y la misericordia sobre la vida de la persona que nos ha hecho daño, permitiendo así que se abra el camino de la restauración.

Formula a los niños las siguientes preguntas antes de la historia bíblica y establece un diálogo con ellos para introducirlos en el contexto del empleado malvado.

¿Qué crees que deberías hacer cuando un amigo te quita algo que te gusta mucho?

¿Qué crees que Jesús querría que hagas si ese mismo amigo viniera y volviera a quitarte otra cosa que también te gusta mucho?

ROMPEHIELO

Suelta la pelota

MATERIALES: Pelotas pequeñas o de varios tamaños en la misma cantidad que el número de participantes.

Instrucciones:

- Coloca las pelotas en un área del salón.
- Los alumnos toman una pelota.
- Pon música para animar a los niños.
- Explica que la pelota se las dio alguien y deben mantenerla en sus manos y no soltarla hasta que se indique.
- **A continuación, pide a los alumnos que realicen varias actividades:**
- Aplaudir
- Atarse los cordones de los zapatos.
- Jugar a la papa caliente
- Simular que están enviando un mensaje por el móvil o haciendo sus deberes, etc.
- **A continuación, pregúntales**
  ¿Te sientes incómodo realizando las actividades con la pelota en la mano?
- ¿Qué piensas de hacer las actividades con las manos libres?
- ¿Y si la persona que dio la pelota no vuelve a aparecer?
- Ahora pídeles que imaginen que la pelota es una ofensa o un daño que no han perdonado.

Pregúntales:
- ¿Una herida, una ofensa entorpece la vida de la persona que la lleva?
- ¿Qué ocurre cuando no perdonamos? Cuando no perdonamos a alguien (cuando no soltamos la pelota) ¿Quién sufre más?
- ¿Quién se siente más molesto?
- ¿Cómo y cuándo perdonar?
- ¿A quién debes perdonar?
- Repite las actividades anteriores, pero ahora sin la pelota en las manos para que se vea la diferencia. Explica que cuando perdonamos a alguien nos sentimos libres y más ligeros.

Lindy and Friends | CURRÍCULO JESÚS ES MÍ GUÍA | EDAD 3-9 AÑOS

Querido maestro:

En esta lección tendrás el privilegio de guiar a los niños a descubrir una de las verdades más hermosas del evangelio: **el perdón de Dios**. Ellos aprenderán que nuestro Padre celestial está siempre dispuesto a perdonar cuando nos arrepentimos, y que ese mismo perdón debe reflejarse en la manera en que tratamos a los demás.

Tu misión será mostrarles, con palabras y ejemplo, que ser compasivos y perdonar a otros no solo sana nuestros corazones, sino que también nos hace **vivir como verdaderos hijos de Dios**.

Recuerda: cada vez que siembras en los niños la semilla del perdón, estás cultivando corazones más tiernos, más libres y más parecidos a Jesús. ¡Tu labor es eterna e invaluable!

Lindy and Friends | CURRÍCULO JESÚS ES MÍ GUÍA | EDAD 3-9 AÑOS

Los niños deben:

 Comprender que el Rey representa a Dios y su justicia divina y perfecta.

 Identificar que el siervo malo puede ser cualquiera que se niegue a perdonar.

 Comprender que Jesús nos juzgará según nuestros actos en la tierra.

 Reconocer que debemos seguir el ejemplo de Jesús siendo compasivos y estando dispuestos a perdonar.

¿Sabías qué?

Después del rompehielos comparte con los niños la siguiente información.

Sabías qué, en la Biblia aparecen unas **56 veces** la palabra perdonar, unas **40 veces** la palabra perdón y la palabra perdonado aparece unas **42 veces**.

Esto no es una casualidad que en la Biblia se repita tantas veces esta palabra. Dios sabe que necesitamos perdonar y por eso se menciona tanto.

SUGERENCIA:

Puedes entregar una hoja a cada alumno para que escriban la palabra "Perdón", pide que la decoren bien bonito y acompáñala con una ayuda visual sobre el perdón.

Copyright © Lindy and Friends

Lindy and Friends | CURRÍCULO JESÚS ES MÍ GUÍA | EDAD 3-9 AÑOS

HISTORIA

"Porque si perdonan a otros sus ofensas, también los perdonará a ustedes su Padre celestial."

Mateo 6. 14

Visual 1. Esta es la historia de la parábola del empleado malo...

Visual 2. Jesús estaba enseñando una vez más, rodeado de sus discípulos. Le hicieron muchas preguntas porque querían saber más sobre el Reino de Dios. Todos lo escuchaban con mucha atención.

Visual 3. Entonces Pedro le preguntó a Jesús cuántas veces debía perdonar a alguien, porque esa pregunta le inquietaba. Jesús respondió contándole una historia sobre un mal empleado.

Visual 4. Este era un empleado que se portó mal. Le debía mucho dinero a su rey, y un día el rey lo llamó y le pidió que pagara su deuda. El empleado sabía que no tenía todo ese dinero para pagarle a su rey lo que le debía. Pero no quería que su familia estuviera triste por él.

Visual 5. Pensando en lo que podía hacer, su amigo Cheche le sugirió que fuera a hablar con el rey.

Visual 6. Y así lo hizo el empleado. Fue donde estaba el rey y, con gran tristeza en su rostro, le explicó que no podía entregarle todo lo que debía. Entonces el rey le dijo que, si no pagaba la deuda completa, tendría que ir a prisión.

Visual 7. Al mismo tiempo, el empleado se imaginó atrapado tras las rejas, en un lugar oscuro y frío, sin su familia alrededor. Entonces se humilló y rogó al rey:
—¡Perdóname la deuda!

Visual 8. ¡Movido por compasión, el rey perdonó al siervo! Increíble, ¿verdad? Sintió lástima por él porque sabía que no podría devolver el dinero.
¡Oh! El empleado salió muy feliz, saltando de alegría. De camino a casa se encontró con Cheche y le contó que el rey le había perdonado la deuda.
Se abrazaron y estaban muy felices juntos.

Visual 9. Mientras el mal empleado y Cheche hablaban, pasó frente a ellos uno de sus siervos. El empleado malo recordó que aquel siervo le debía algo de dinero. En ese momento, ni siquiera pensó con claridad: fue directo a su sirviente y, con mucha grosería, le exigió que pagara su deuda.

Lindy and Friends | CURRÍCULO JESÚS ES MI GUÍA | EDAD 3-9 AÑOS

Visual 10. Su sirviente le pidió al mal empleado que tuviera paciencia con él, porque ni siquiera le debía tanto dinero. Le aseguró que lo pagaría, solo necesitaba un poco de tiempo.

Visual 11. Cheche intentaba calmar al mal empleado y recordarle que él también debía ser piadoso, así como el rey lo había sido con él. Pero el mal empleado estaba tan enfurecido que ni siquiera escuchó a su amigo y ordenó que su siervo fuera encarcelado hasta que pagara su deuda.

Visual 12. Cuando el rey oyó esto, se entristeció mucho y mandó llamar al empleado malo. Entonces le hizo una pregunta muy importante: —Yo te perdoné a ti una deuda enorme; ¿no deberías haber hecho lo mismo con tu sirviente que solo te debía algo tan pequeño? Y enseguida el rey ordenó encarcelar al mal siervo hasta que pudiera pagar todo lo que debía.

Visual 13. Qué pena que el empleado malo no escuchó el buen consejo de su amigo Cheche. Eso hubiera hecho que la historia tuviera un final feliz. Pero nosotros sí podemos aprender de esta lección, que la falta de perdón no es algo bueno. Necesitamos perdonar así como hemos sido perdonados por Dios.

Lindy and Friends | CURRÍCULO JESÚS ES MÍ GUÍA | EDAD 3-9 AÑOS

MANUALIDADES

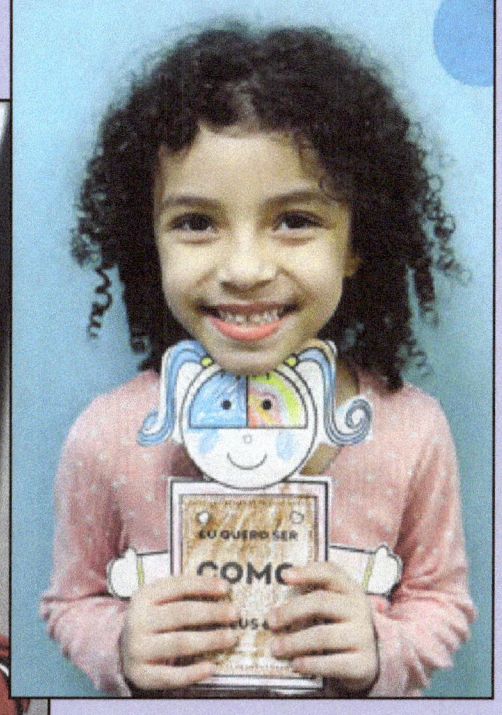

1
- Reparte los dibujos.
- Colorea los dibujos.
- Recorta los dibujos (los niños pequeños necesitan ayuda).
- Pega los brazos de los muñecos.

2
- Distribuye una página para colorear y recorta la imagen de Jesús con el versículo de la semana (Mateo 6:14).
- Pide a los niños que escriban sus nombres en la hoja.
- Permite que se la lleven a casa.

NOTA: Ver manualidad opcional para distribuirla entre los niños que ya pueden escribir.

Copyright © Lindy and Friends

Lindy and Friends | **CURRÍCULO JESÚS ES MÍ GUÍA** | EDAD 3-9 AÑOS

NOTA: Manualidad opcional para niños que ya saben escribir.

Copyright © Lindy and Friends

Lindy and Friends | CURRÍCULO JESÚS ES MÍ GUÍA | EDAD 3-9 AÑOS

NOTA: Manualidad opcional para niños que ya saben escribir.

Lindy and Friends | CURRÍCULO JESÚS ES MÍ GUÍA | EDAD 3-9 AÑOS

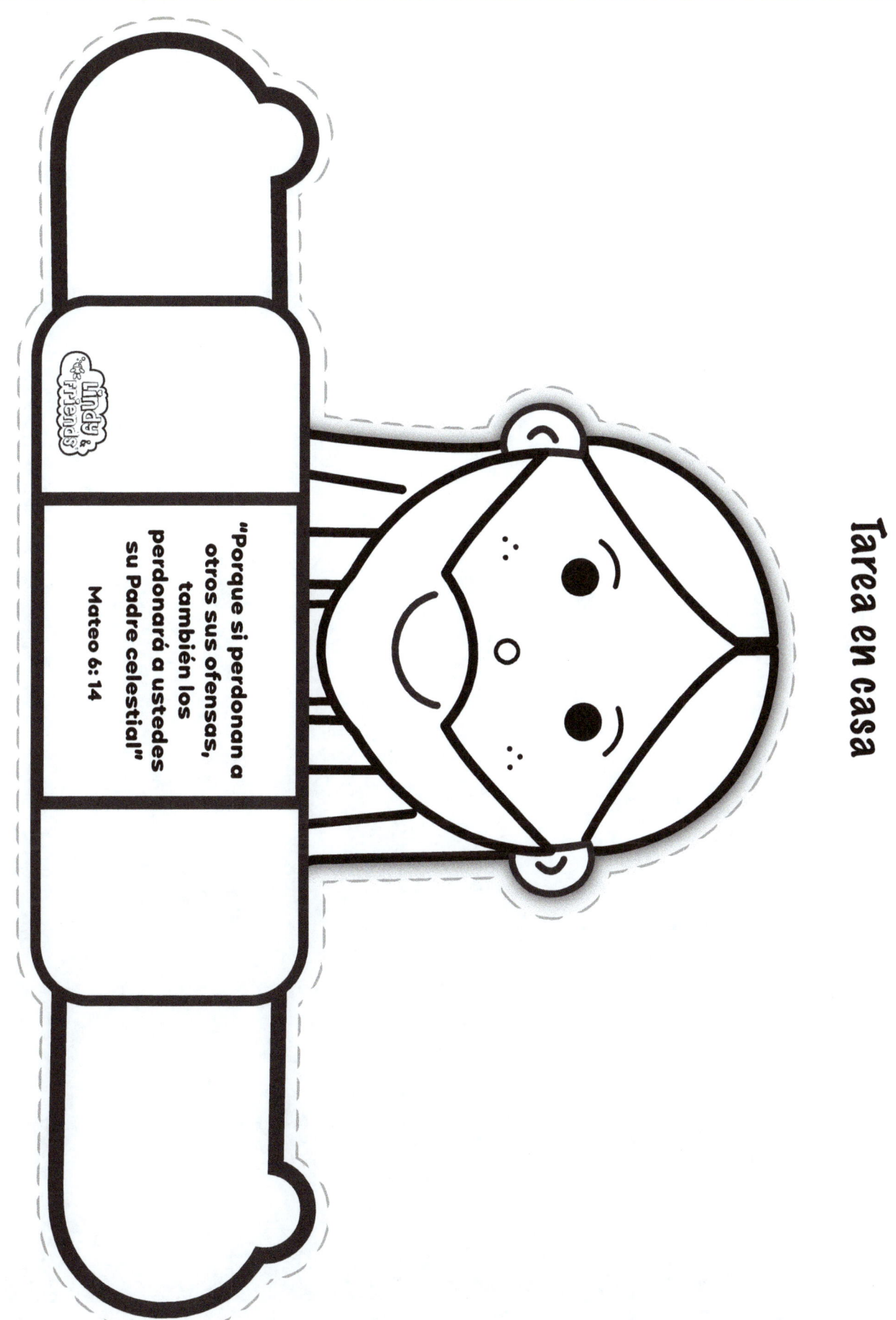

Tarea en casa

"Porque si perdonan a otros sus ofensas, también los perdonará a ustedes su Padre celestial"
Mateo 6:14

Lindy and Friends | CURRÍCULO JESÚS ES MÍ GUÍA | EDAD 3-9 AÑOS

Lindy and Friends | CURRÍCULO JESÚS ES MÍ GUÍA | EDAD 3-9 AÑOS

LECCIÓN 6

La Moneda Perdida

CONTEXTO BÍBLICO

Versículo clave

Lucas 15:10b
-"se alegran los ángeles de Dios por un pecador que se arrepiente".

El capítulo 15 del Evangelio escrito por Lucas ha sido llamado cariñosamente por algunos estudiosos la "propiedad perdida del Reino de Dios", porque nos presenta tres historias sobre la alegría de encontrar algo que se había perdido. En él, tenemos a una mujer con diez monedas a la que se le escapa una. En esta historia, la presencia de cuatro verbos es evidente; **perder, buscar, encontrar y alegrarse**. Esto ilustra el insistente amor restaurador de Dios por los que están perdidos (a pesar de las murmuraciones de los religiosos), "Porque el Hijo del hombre vino a buscar y a salvar lo que se había perdido". (Lc 19,10).

Exploremos el texto

Lucas 15: 8-10 (NVI)
"O supongamos que una mujer tiene diez monedas de plata y pierde una. ¿No enciende una lámpara, barre la casa y busca con cuidado hasta encontrarla? 9 Y cuando la encuentra, reúne a sus amigas y vecinas y les dice: "Alégrense conmigo; ya encontré la moneda que se me había perdido". 10 "Les digo que así mismo se alegran los ángeles de Dios por un pecador que se arrepiente".

Lindy and Friends | CURRÍCULO JESÚS ES MÍ GUÍA | EDAD 3-9 AÑOS

 ¿Te has sentido alguna vez perdido o lejos del Señor a pesar de formar parte de una Iglesia?

 ¿Sabías que nadie puede explicar por completo el inmenso amor de Dios por las almas? ¿De qué manera has experimentado tú el amor de Dios en tu vida?

El sacrificio de nuestro Señor Jesucristo en la cruz del Calvario es la mayor demostración de amor que la humanidad ha recibido. No todos logran comprender el alto precio que Jesús pagó por nuestra salvación. Incluso como creyentes, a veces existe en el corazón humano la tendencia a dudar de la gracia, la misericordia y el amor infinito de Dios, especialmente cuando fallamos o nos desviamos de sus caminos. Sin embargo, el Señor permanece paciente, esperando con los brazos abiertos a quienes han perdido el rumbo.

Hoy es vital reconocer que vivimos en los últimos tiempos y que Jesús volverá pronto. Por eso debemos tomar una decisión: entrar por la puerta cuanto antes, poner nuestra vida en orden delante de Dios y vivir en santidad hasta el final.

Sugerencias para la lección

En esta lección, los niños aprenderán el significado de cuatro palabras clave: **perder, buscar, encontrar y alegrarse**. Descubrirán cómo estas acciones nos muestran lo que sucede en el cielo cuando una persona que estaba perdida halla el camino de la salvación en Jesucristo.

Para ambientar la clase, puedes llevar **una escoba y algunas monedas**. Mientras narras la parábola, dramatiza la búsqueda y pide la ayuda de un niño voluntario para encontrar las monedas perdidas. De esta manera, la enseñanza será más participativa y memorable.

Plantea a los niños las siguientes preguntas y establece un diálogo con ellos para introducirlos en el contexto de la moneda perdida.

 ¿Alguna vez perdiste algo que te gustaba mucho y luego has podido encontrarlo?

 ¿Qué siente Jesús cuando encuentra a alguien que se ha perdido?

Lindy and Friends | CURRÍCULO JESÚS ES MÍ GUÍA | EDAD 3-9 AÑOS

ROMPEHIELO

Encuentra las monedas

MATERIALES: Monedas de juguete o de chocolate

Instrucciones:

Antes que lleguen los niños, esconde las monedas en el salón. Pídeles que busquen las monedas. Quien las encuentre ganará un regalo (elige un regalo sencillo como un caramelo, un lápiz, etc.)

Nota: Otra forma de ayudar a los niños a comprender esta enseñanza, es pedirles que traigan su objeto favorito (juguete, ropa, etc.) y esconderlo en lugar de las monedas. Alégrate mucho y festeja con los alumnos que encontraron los objetos, puedes preguntarles ¿qué sientes al encontrar este objeto especial?

Querido maestro:

Cada vez que te sientas frente a los niños, tienes en tus manos un privilegio eterno: **sembrar la Palabra de Dios en corazones tiernos y receptivos**. Lo que hoy compartas puede marcar la manera en que ellos entienden el amor de Dios, toman decisiones y viven su fe en el futuro.

Recuerda que tu labor no es solo enseñar una lección, sino **inspirar, modelar y guiar**. Dios te ha escogido como instrumento para mostrar a los pequeños el camino de la sabiduría, la obediencia y el amor.

En cada historia contada, cada ejemplo dado y cada oración pronunciada, estás dejando huellas que perdurarán para la eternidad. Confía en el Espíritu Santo: Él es quien toca los corazones y multiplica las semillas que tú siembras con fidelidad.

¡Ánimo! Tu trabajo es grande a los ojos de Dios, y cada palabra tuya puede ser usada para transformar vidas.

Lindy and Friends | CURRÍCULO JESÚS ES MÍ GUÍA | EDAD 3-9 AÑOS

Los niños deben:

1. Identificar el amor de Dios por las almas: así como la mujer buscaba la moneda, Dios nos busca hasta encontrarnos.

2. Entender que hay una celebración en el cielo cuando un pecador se arrepiente, así como la mujer celebró con sus vecinos.

3. Todos tenemos valor y somos preciosos a los ojos de Dios. Así como una moneda era importante para la mujer de la parábola, cada alma tiene un valor precioso ante Dios, nuestro creador.

¿Sabías qué?

En nuestro mundo existen millones de personas que forman parte de un grupo conocido como los **No Alcanzados**. ¿Quiénes son ellos? Son hombres, mujeres, jóvenes y niños que nunca han escuchado hablar de Jesús. En los lugares donde viven no existe una iglesia cristiana cercana, nadie les ha compartido el evangelio y tampoco tienen una Biblia en su idioma.

Imagina vivir toda tu vida sin saber que hay un Dios que te ama, que envió a su Hijo para salvarte y que desea tener una relación personal contigo. Esa es la realidad de los No Alcanzados. Para ellos, el nombre de Jesús puede sonar tan desconocido como cualquier otra palabra extranjera.

SUGERENCIA: Busca un vídeo adecuado para niños, que enseñe sobre los grupos NO alcanzados, el Ministerio GIMI-Manos Chiquitas o Puertas Abiertas, tienen recursos disponibles gratuitos listos para presentar y orar.

Lindy and Friends | **CURRÍCULO JESÚS ES MÍ GUÍA** | **EDAD 3-9 AÑOS**

HISTORIA

Visual 1. Muchas de las enseñanzas de Jesús fueron dadas a través de parábolas. ¿Recuerdan qué son las parábolas? ¿Alguien me puede ayudar? ¡Invitemos a Lindy y a sus amigos para que nos lo enseñen!

Visual 2. Lindy: Bienvenidos... necesitamos tu ayuda para aprender sobre las parábolas de Jesús, especialmente la Parábola de la moneda perdida. Pero primero debemos recordar qué son las parábolas...
Boki: ¡Oh, sí, lo sé! Las parábolas son esas antenas que parecen platos gigantes en el techo y que se usan para ver la televisión...

Visual 3. Lindy: No, Boki... ¡esas son antenas parabólicas! ¿No estuviste en el último servicio? Las parábolas son pequeñas historias que nos enseñan una lección.

Visual 4. Jesús usó parábolas para enseñarnos sobre el evangelio.

Visual 5. En el evangelio de Lucas, capítulo 15, aprendemos sobre la parábola de la moneda perdida. Dice que una mujer que tenía 10 monedas, si pierde una, enciende la lámpara, barre la casa y la busca hasta encontrarla!

Visual 6. Jesús quiere enseñarnos acerca de su amor restaurador. Todos somos como monedas y tenemos un enorme valor para Dios. En aquella época, la moneda (dracma) se consideraba una buena remuneración por un día de trabajo. Del mismo modo, Dios no quiere que ninguno de nosotros se aleje de su presencia.

Visual 7. Lindy: ¿Alguien puede decirme cuándo nos alejamos de Dios?

Cheche: ¡Sí, Lindy! Nos alejamos cuando no obedecemos los principios de nuestro Padre del cielo. También cuando no obedecemos a mamá y papá, cuando golpeamos a un compañero de clase o cuando nos portamos mal en la escuela…

Visual 8. Lindy: Así es, Cheche… pero Dios nos ama tanto que envió a su Hijo Jesús para darnos vida y la oportunidad de recibir el perdón. Entonces, así como la mujer encendió la lámpara, barrió la casa y buscó la moneda, nuestro Padre que está en el cielo nos envía a nuestro amigo, el Espíritu Santo, para buscarnos e invitarnos a arrepentirnos de las cosas feas que hacemos.

Visual 9. ¿Y sabes qué es lo mejor? La Biblia dice que la mujer reunió a sus amigos y vecinos, y todos se regocijaron juntos después de encontrar la moneda perdida. ¿Sabes qué significa esto? Que hay una fiesta en el cielo cuando nos arrepentimos del mal y volvemos nuestro corazón a Jesús.
¿Te imaginas lo hermosa que debe ser esa fiesta?

Lindy and Friends | CURRÍCULO JESÚS ES MÍ GUÍA | EDAD 3-9 AÑOS

Visual 10. Flofi: ¡Guau, Lindy! Debe ser realmente hermoso. ¿Recuerdas cuando yo me perdí y me quedé lejos de la manada? Me sentí muy triste y angustiada por no tener a mis amigos alrededor. Pero me alegra que mi pastor, Kiki-Blue, no se diera por vencido conmigo y siguiera buscándome... ¡Él es un buen pastor!

Visual 11. Flofi: Recuerdo qué hermoso día fue cuando me reencontré con las otras ovejas. Y desde entonces... ¿me convertí en una pequeña misionera como tú?
Lindy: ¡Sí! El rebaño de ovejas estaba radiante de alegría al reunirse contigo. ¿Te imaginas la alegría del Padre Celestial cuando encuentra a alguien que estaba perdido? ¡Porque Él es nuestro mejor amigo! ¡Qué hermosa fiesta debe ser!

Visual 12. Lindy: ¡Cierto, Flofi! ¡Jesús es maravilloso y nos ama mucho! Podemos seguir hablando del amor de Dios a todos los que aún no conocen a Jesús, y también a aquellos que un día lo conocieron pero dejaron que el mal entrara en sus vidas. ¡Es tan hermoso vivir siempre con mi amigo Jesús!

Lindy and Friends | CURRÍCULO JESÚS ES MÍ GUÍA | EDAD 3-9 AÑOS

MANUALIDADES

La Escoba

MATERIALES: Plantilla de escoba para colorear, colores, tijeras, papel aluminio.

Instrucciones:

1. Colorea la escoba.
2. A continuación, recorta la escoba.
3. Sugerencia: coloca papel aluminio dorado y pégalo sobre la imagen de la moneda.

La Moneda

MATERIALES: Hoja de actividad de la moneda perdida, tijeras, perforador, lana.

Instrucciones:

- Colorea las monedas y el monedero.
- A continuación recorta las monedas y el monedero.
- Perfora los puntos del monedero.
- Teje el bolso con lana.
- Guarda las monedas dentro del monedero.

Lindy and Friends | CURRÍCULO JESÚS ES MÍ GUÍA | EDAD 3-9 AÑOS

125

Lindy and Friends | CURRÍCULO JESÚS ES MÍ GUÍA | EDAD 3-9 AÑOS

Lucas 15:8-10

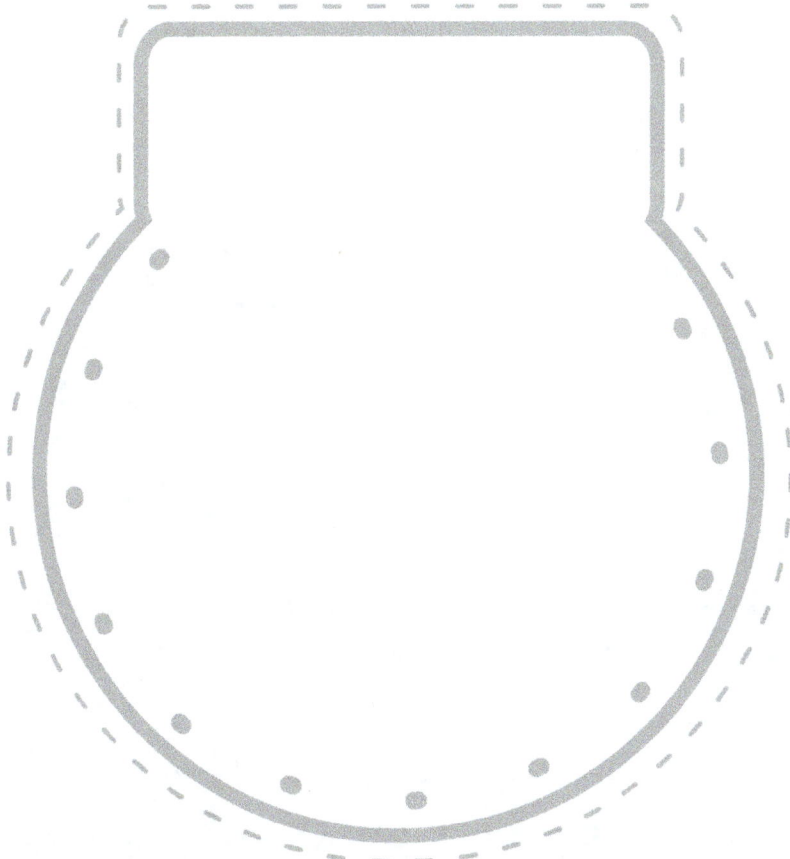

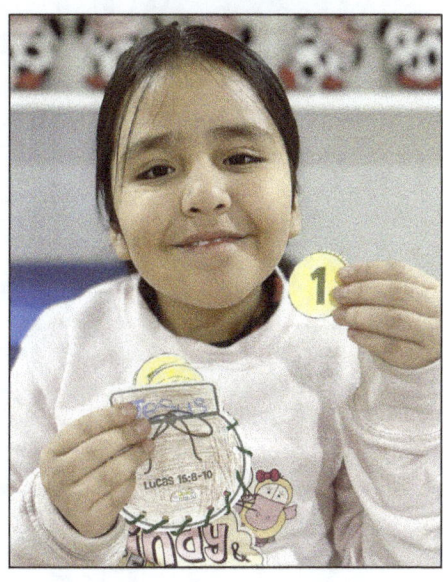

LA MONEDA PERDIDA

Lindy and Friends | CURRÍCULO JESÚS ES MÍ GUÍA | EDAD 3-9 AÑOS

Lindy and Friends | CURRÍCULO JESÚS ES MÍ GUÍA | EDAD 3-9 AÑOS

LECCIÓN 7

Sal y Luz

CONTEXTO BÍBLICO

La enseñanza bíblica de que los seguidores de Cristo son **la sal de la tierra y la luz del mundo** significa básicamente que somos agentes que promueven la verdad del reino de Dios en esta tierra. La sal tiene la función de conservar y dar sabor a los alimentos. La luz, en cambio, tiene la función de iluminar las tinieblas. Solo seremos verdaderos discípulos de Jesús, si nuestras vidas están aromatizadas con el Evangelio y si somos una luz que arde en el candelero, que son los ingredientes necesarios para los cansados y oprimidos que caminan en el mundo de las tinieblas.

Exploremos el texto

Mateo 5: 13-16 (NVI)

13 "Ustedes son la sal de la tierra. Pero si la sal pierde su sabor, ¿cómo lo recobrará? Ya no sirve para nada, sino para que la gente la deseche y la pisotee".

14 "Ustedes son la luz del mundo. Una ciudad en lo alto de una montaña no puede esconderse.

15 Tampoco se enciende una lámpara para cubrirla con una vasija. Por el contrario, se pone en el candelero para que alumbre a todos los que están en la casa.

16 Hagan brillar su luz delante de todos, para que ellos puedan ver las buenas obras de ustedes y alaben a su Padre que está en los cielos".

Versículo clave

Mateo 5:14
"Ustedes son la luz del mundo. Una ciudad en lo alto de una montaña no puede esconderse."

REFLEXIÓN

1. ¿Cómo crees que podemos mantener los fundamentos de Dios en un mundo que se moldea constantemente a sus propias reglas? ¿Cómo sacamos a relucir la sal en este ámbito?

2. ¿Qué tipo de acciones u obras crees que hacen brillar la luz de Jesús en la vida de nuestro prójimo?

Copyright © Lindy and Friends

Lindy and Friends | CURRÍCULO JESÚS ES MÍ GUÍA | EDAD 3-9 AÑOS

Sugerencias para la lección

En esta lección, enseñarás a los niños lo que representa **la luz y la sal** para los que creen en Jesús, nuestra influencia, acciones y opiniones es la forma en que somos sal en este mundo. Cuando lo que decimos es respaldado por nuestras acciones, hacemos brillar el amor de Dios, y de esta manera las personas conocen la verdad sobre Él.

Para hacer de esta historia una verdadera aventura lleva contigo una **linterna y una manta**. Trae contigo un pedazo de carne de utilería o imprime una imagen de un pedazo de carne descompuesto. De este modo, de forma dinámica, pero implícita, les introduces en las funciones de estos dos elementos. Si recreamos el escenario de la parábola, se volverá inolvidable y captará toda la atención de los niños.

INTRODUCCIÓN

1. ¿Comerías esta carne? Seguramente te dirán que no, que tiene un aspecto poco apetitoso, que está llena de gusanitos y que su olor parece desagradable, por no hablar de su sabor.

2. ¿Por qué crees que es así? Probablemente, la han dejado fuera de la nevera y los gusanos han hecho de las suyas, la carne se ha descompuesto y ya no se puede comer. Triste, ¿verdad? Hoy en día, tenemos una nevera en casa que protege nuestros alimentos. Sin embargo, hace muchos, muchos años, no existía.

3. ¿Te imaginas una vida sin nevera? Ni helados, ni postres fríos, y mucho menos buena carne. Pero, déjame que te cuente, resulta que, muy inteligentemente, en el pasado, la gente utilizaba un elemento muy útil para conservar sus alimentos.

4. ¿Saben de qué se trata (permite un espacio para pensar)? Este elemento era la sal, básicamente lo que hacían era cubrir la carne o algún otro tipo de alimento con sal y listo, se conservaba por mucho tiempo, tal como lo hace nuestra nevera. ¡Increíble!, ¿verdad?

5. Entonces, ¿para qué se utilizaba la sal? (aquí nos aseguramos de que comprendan la función).

Lindy and Friends | CURRÍCULO JESÚS ES MÍ GUÍA | EDAD 3-9 AÑOS

ROMPEHIELO

Quedémonos con la carne

MATERIALES: Recortada la silueta de un pedazo de carne (ver el diseño proporcionado), Sal.

Instrucciones:

Esta actividad tiene dos opciones:

1. Tomamos una representación como la de la imagen e invitamos a los niños a que le añadan una pizca de sal y la lleven a un lugar del salón.

2. Cada alumno recibe una imagen o figura de carne en papel y es responsable de añadirle una pizca de sal y dejarla en un lado del salón.

Querido maestro:

En esta lección tendrás la hermosa misión de recordar a los niños que Jesús nos llamó a ser la **sal de la tierra y la luz del mundo**. Como sal, estamos para dar sabor y conservar lo bueno; como luz, debemos brillar en medio de la oscuridad y mostrar el camino hacia Dios.

Tu tarea es sembrar en sus corazones el deseo de **vivir de una manera diferente**, reflejando a Cristo en sus palabras, actitudes y acciones. Cada ejemplo que compartas, cada dinámica que realices y cada verdad que enseñes será como encender una lámpara que puede iluminar toda una vida.

Recuerda: estos niños no son solo aprendices, ¡son pequeños portadores de luz! Y tú, como maestro, tienes el privilegio de inspirarlos para que brillen con la luz de Jesús y transformen el mundo a su alrededor.

Copyright © Lindy and Friends

Lindy and Friends | CURRÍCULO JESÚS ES MÍ GUÍA | EDAD 3-9 AÑOS

Los niños deben:

1. Conocer a Kiki-Blue y a Boki.
2. Saber cómo se produce un apagón.
3. Reflexionar sobre las áreas en las que Jesús nos invita a ser luz y sal.

¿Sabías qué?

Un apagón se produce cuando la electricidad se va de forma inesperada. Ya sea debido a las condiciones meteorológicas, a la caída de árboles o a una mala manipulación de cables o equipos eléctricos, un apagón puede interrumpir las comunicaciones e incluso dejarnos sin servicios dependientes de la energía.

SUGERENCIA: Recomendamos contar esta historia en un espacio poco iluminado, o colocar una manta alrededor de las sillas para poder utilizar la linterna para introducir la función de la luz.

Lindy and Friends | **CURRÍCULO JESÚS ES MI GUÍA** | **EDAD 3-9 AÑOS**

HISTORIA

Visual 1. Hoy desentrañaremos la historia del gran apagón que provocó el desordenado Kiki-Blue. ¿Cómo crees que lo hizo? ¿Fue resuelto?

Visual 2. Kiki-Blue es un pequeño mono muy inteligente y travieso. Le encanta saltar arriba y abajo mientras disfruta de su gran racimo de plátanos. Va de aquí para allá sin fijarse bien hacia dónde salta.

Visual 3. Aquí está Mima, siempre atenta y dando buenos consejos. Ella insiste en decirle a Kiki-Blue que tenga mucho cuidado, porque algo podría pasar. Pero mientras tanto, Kiki-Blue, disfrutando de su plátano, sigue saltando y saltando sin preocuparse.

Visual 4. Mientras saltaba y saltaba, Kiki-Blue encontró algo curioso: ¡era Boki! Ya casi al final del día, Boki estaba cubierto por una pila de cables mientras construía lo que llamaba un cohete.

Kiki-Blue seguía saltando y comenzó a hacerle muchas preguntas:

—¿Cómo te llamas? ¿Puede volar? ¿Lo puedo tocar?

Boki, un poco preocupado, le pedía que se detuviera. Pero una vez más, Kiki-Blue solo estaba interesado en su plátano.

Lindy and Friends | CURRÍCULO JESÚS ES MÍ GUÍA | EDAD 3-9 AÑOS

Visual 5. Cansado de no obtener respuesta de Boki, Kiki-Blue, un poco irritado, dio un gran salto para marcharse, cuando de repente… ¡zas! Aterrizó en un montón de cables y sus plátanos salieron volando lejos. ¡Todo se volvió oscuro! La caída de Kiki-Blue sobre los cables había provocado un gran apagón. A lo lejos se escuchaban los vecinos gritar:
—¡No puedo ver! Y, sin duda, también se oía la desesperación de Boki, pues todo su trabajo había quedado arruinado.

Visual 6. No se veían los plátanos, los cables ni a los vecinos… ¡todo estaba oscuro! Kiki-Blue comenzó a llorar, un poco asustado y arrepentido de no haber obedecido. No sabía qué hacer para remediar el apagón

Visual 7. —¿Qué es eso? —se preguntó Kiki-Blue al ver una pequeña luz a lo lejos—.
—¡Oh! ¿Se acabó el apagón?
Era Boki, que había ido a casa con mucho cuidado a buscar una vela y un mechero. Cada paso que daba acercaba más luz a Kiki-Blue.

Visual 8. En medio de toda la oscuridad del barrio, estaba Boki con una luz encendida que iluminaba el lugar. Pronto llegaron todos los vecinos y, de hecho, trajeron sus propias velas. Así, juntos formaron una gran luz.

Visual 9. Fue una buena oportunidad para que todos se reunieran y compartieran cómo gran barrio en el que estaban ubicados. Estaban felizmente compartiendo cuando de repente se escuchó la voz del Tata: ¡La carneeee! La pobre Tata estaba a punto de preparar el el plato favorito de Tato, carne y papas fritas, pero con el apagón todo pudo haberse arruinado. Los vecinos, y aun mas Tato, se pusieron a llorar, pobre Tato, no puede comer, ¡su plato favorito!

Visual 10. Pero ahí venía de nuevo Boki, sosteniendo en sus manos un plato con algo que apenas se podía ver.
—¿Qué podría ser? —se preguntó.
El curioso Kiki-Blue saltó y quiso probarlo, tomando una gran cucharada de la comida. Saltó y saltó, pero esta vez con la lengua afuera por el sabor tan intenso.
—¡Esto es sal! ¿Por qué trajiste esto para comer?

Visual 11. Era inevitable no reírse de Kiki-Blue; él no parecía aprender a controlar sus saltos e impulsos.
—¡No es para comer! —respondió Boki—. Es para cuidar la comida.
—¿Cuidar la comida? —preguntaron los vecinos al mismo tiempo. Todos parecían confundidos.

Visual 12. Sin dar más explicaciones, Boki fue a la casa de la preocupada Tata y cubrió la carne con sal. Tata no entendió. Nadie entendió. Ya era medianoche, así que todos se fueron a dormir.

Visual 13. A la mañana siguiente, Tata se despertó un poco triste porque pensaba que no podría preparar el plato favorito de su querido Tato. Pero, para su sorpresa, la carne estaba en perfecto estado, justo como quería cocinarla. En ese momento entendió lo que Boki había hecho: la sal había conservado la comida durante toda la noche.

Visual 14. Esa noche, Boki se convirtió en un héroe al traer luz y sal para todos. Llenó a la gente de alegría, armonía y, sobre todo, esperanza de algo bueno. Esto mismo es lo que hacemos como hijos de Dios: Jesús nos invita a ser la sal y la luz del mundo. Nosotros somos quienes iluminamos el camino y ayudamos a preservar al mundo del mal.

Lindy and Friends | CURRÍCULO JESÚS ES MÍ GUÍA | EDAD 3-9 AÑOS

MANUALIDADES

Palabras sobre la sal

MATERIALES: Sal y una bandeja o plato.

Instrucciones:

1. Sé intencional al dejar algunas cosas sin ordenar, esto servirá para ver la iniciativa de algunos niños en ayudar sin que se les pida.
2. Si algún niño tomó iniciativa, invítalo a ser de los participantes para esta manualidad.
3. El adulto debe sostener la bandeja donde se colocará la sal.
4. Pide a los niños que escriban palabras de la historia sobre la sal (ej. sabor, conservar).

Sombrero de ideas

MATERIALES: Plantilla de sombrero, plantilla de foco o bombilla, colores, lápices, pegamento y tijeras.

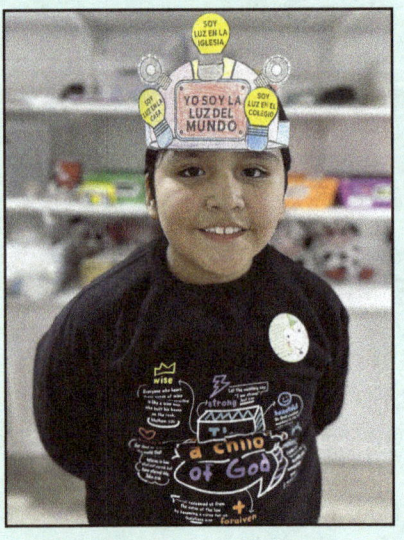

Instrucciones:

1. Colorea el sombrero y los focos.
2. Recorta el sombrero y los focos.
3. Pega las ideas en el sombrero.
4. Usa el foco (bombillo) extra para que los niños más grandes puedan dar ejemplos de cómo ser luz en el mundo.

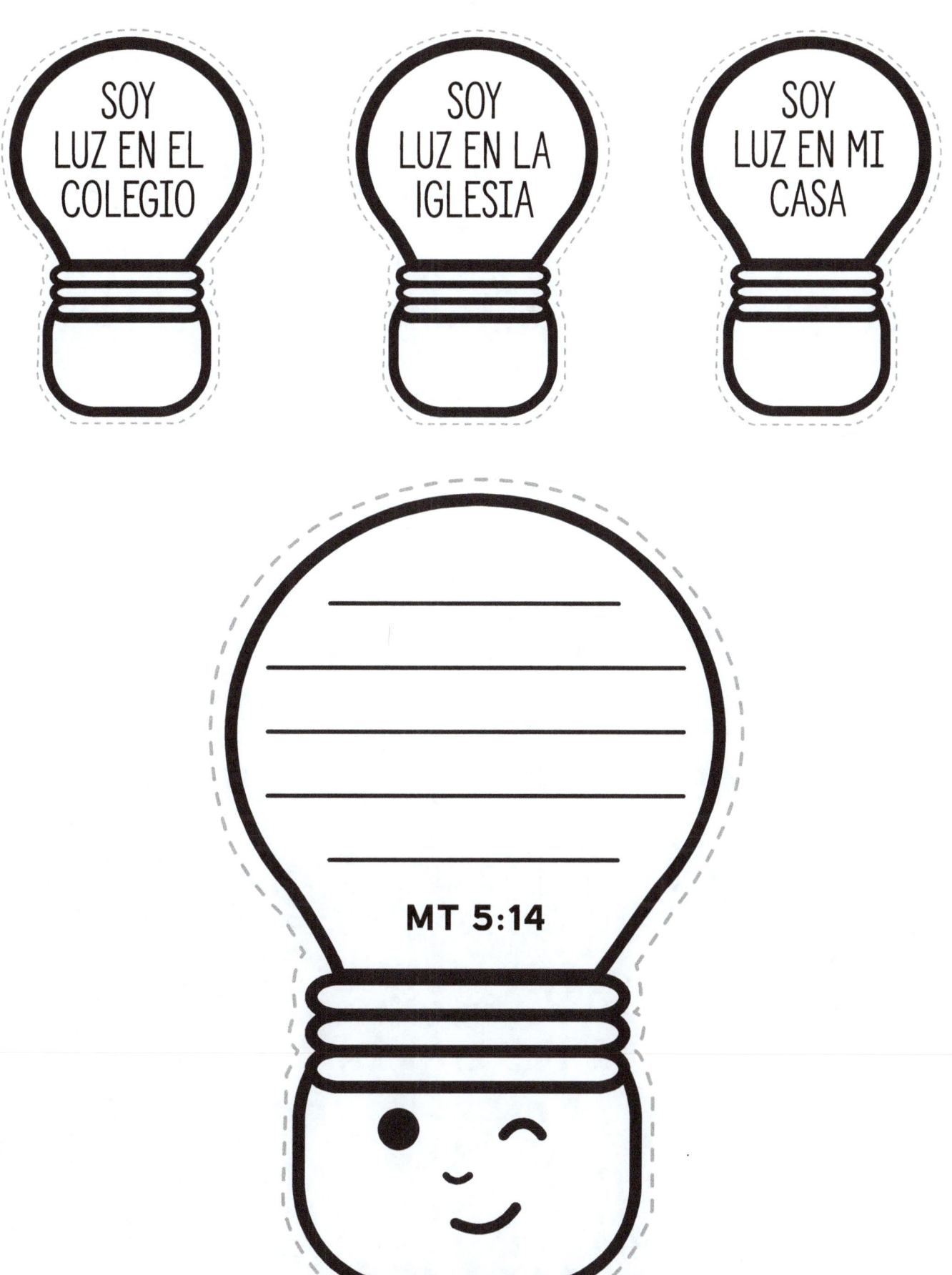

Lindy and Friends | CURRÍCULO JESÚS ES MÍ GUÍA | EDAD 3-9 AÑOS

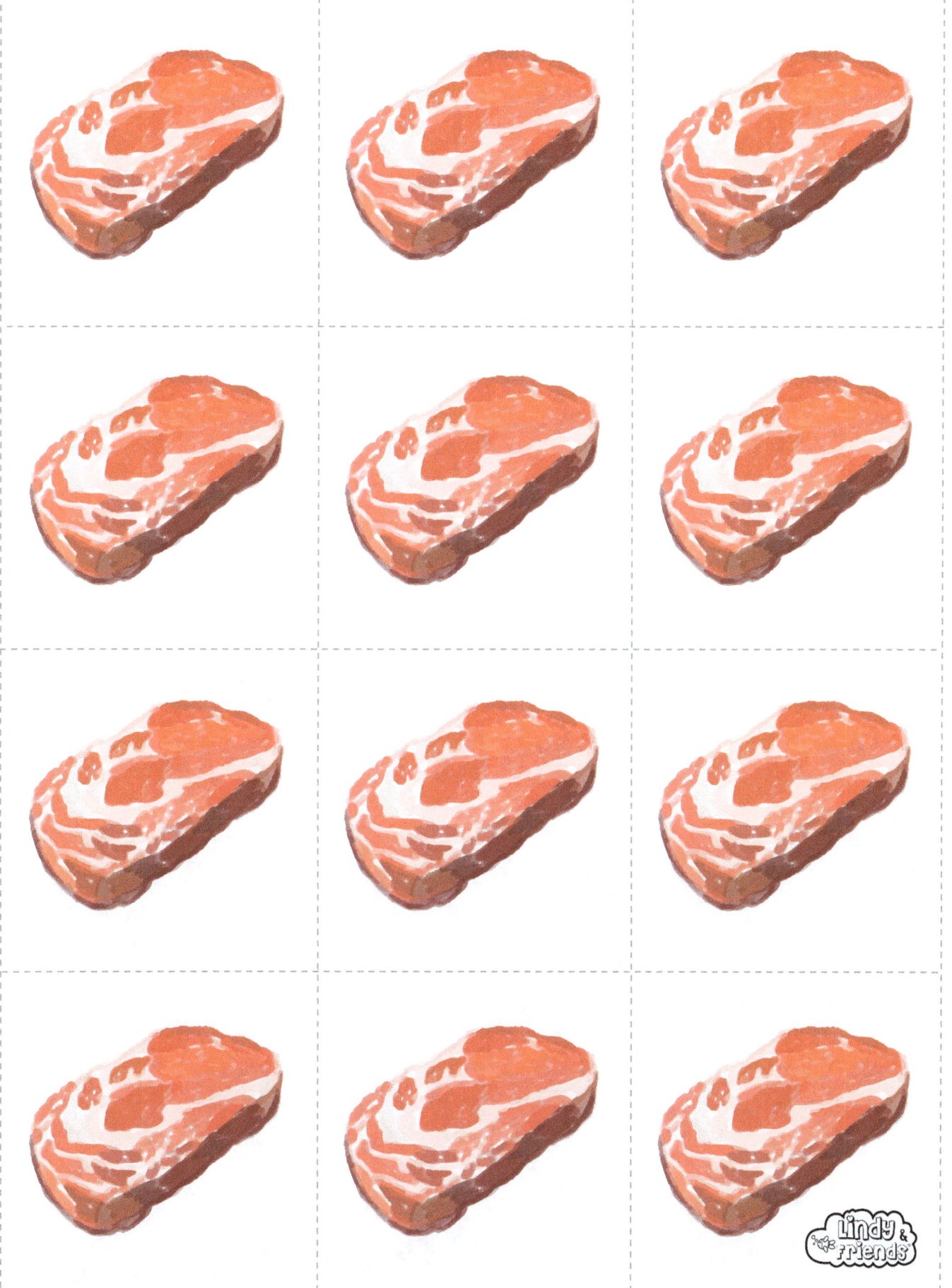

Copyright © Lindy and Friends

145

Lindy and Friends | CURRÍCULO JESÚS ES MÍ GUÍA | EDAD 3-9 AÑOS

LECCIÓN 8

El Hijo Pródigo

CONTEXTO BÍBLICO

La historia de hoy nos habla de dos jóvenes perdidos. Uno que se fue de casa y otro que estaba perdido dentro de su propia casa; uno que pensaba que sería libre fuera de casa y otro que se sentía esclavo por dentro; uno que deseaba la muerte de su padre y otro que nunca disfrutó de los beneficios de su padre. Sin embargo, **ambos fueron destinatarios del amor insistente**, atrayente, amable, acogedor y generoso del padre. Necesitamos abrir nuestro
corazón a la parábola y disfrutar de las gotas de esperanza que emanan del corazón del Padre celestial que ha elegido amarnos.

Exploremos el texto

Lucas 15:11-32 (NVI)

17 Por fin recapacitó y se dijo: "¡Cuántos jornaleros de mi padre tienen comida de sobra y yo aquí me muero de hambre!
18 Me levantaré e iré a mi padre y le diré: Papá, he pecado contra el cielo y contra ti.
19 Ya no merezco que se me llame tu hijo; trátame como si fuera uno de tus jornaleros".
20 Así que emprendió el viaje y se fue a su padre. "Todavía estaba lejos cuando su padre lo vio y se compadeció de él; salió corriendo a su encuentro, lo abrazó y lo besó.
21 El joven le dijo: "Papá, he pecado contra el cielo y contra ti. Ya no merezco que se me llame tu hijo".
22 Pero el padre ordenó a sus siervos: "¡Pronto! Traigan la mejor ropa para vestirlo. Pónganle también un anillo en el dedo y sandalias en los pies.
23 Traigan el ternero más gordo y mátenlo para celebrar un banquete.
24 Porque este hijo mío estaba muerto, pero ahora ha vuelto a la vida; se había perdido, pero ha sido hallado". Así que empezaron a hacer fiesta.

Versículo clave

Romanos 10:9
"que si confiesas con tu boca que Jesús es el Señor y crees en tu corazón que Dios lo levantó de entre los muertos, serás salvo."

Lindy and Friends | CURRÍCULO JESÚS ES MÍ GUÍA | EDAD 3-9 AÑOS

① ¿Por qué algunos hijos de Dios consideran alejarse o huir de Él aun cuando sus bendiciones están presentes?

② ¿Con qué hijo te identificas más y por qué?

③ Conoces a alguien que esté huyendo de Dios, tómate un momento para orar por esa persona.

Sugerencias para la lección

En esta lección, los niños aprenderán acerca del **inmenso amor de Dios** por cada uno de sus hijos, incluso por aquellos que se han alejado. Descubrirán que cuando nos arrepentimos y pedimos perdón por nuestros pecados, Dios, en su bondad, siempre está dispuesto a perdonarnos. Además, comprenderán la importancia de respetar y obedecer a sus padres.

Para ilustrar la parábola, puedes escoger a dos alumnos: **uno representará al hijo pródigo**, vistiéndolo con ropas viejas y desgastadas, y **otro hará el papel del padre amoroso** que lo recibe de regreso. Crear este ambiente ayudará a que los niños no solo escuchen la parábola, sino que la vivan como una experiencia que quedará grabada en su corazón.

Plantea a los niños las siguientes preguntas y entabla un diálogo con ellos para presentarles el contexto del hijo pródigo.

① ¿Sabías que Dios nos habla a través de nuestros padres?

② ¿Sabías que los buenos padres siempre quieren lo mejor para nosotros? ¿Piensa ué consecuencias tendríamos si desobedecemos, y qué beneficios tenemos al obedecer?

③ Dá el ejemplo a los niños recordándoles, tal vez cuando mamá o papá no les permite usar el celular antes de dormir, porque esto les afecta, o cuando por no recoger los juguetes no puedes usarlos por un tiempo, pero al recogerlos puedes disfrutarlos.

④ También se pueden dar algunas instrucciones a los niños o hacer dinámicas como, todos se sientan, todos se quedan callados y esto nos permitirá ver quiénes son los niños atentos que obedecen las instrucciones.

⑤ Enfoca en el corazón más que en el objeto o recompensa, si alguien no obedece y se le ayuda a comprender que arrepentirse, es lo correcto, pues tendrán la recompensa de sentir paz y gozo por hacer lo correcto.

⑥ Como una forma vivencial, si obedecen puedes ofrecerles algún caramelo.

Lindy and Friends | CURRÍCULO JESÚS ES MÍ GUÍA | EDAD 3-9 AÑOS

ROMPEHIELO

El amor de Dios

MATERIALES: 1 Botella, 1 bolígrafo (pluma), 1 jarra de agua, agua.

Instrucciones:

1. La botella representa el pozo, el bolígrafo nos representa a ti y a mí, la jarra representa el Amor de Dios.

2. El desánimo, la tristeza, la ansiedad y todo lo que venga a sacudirnos representa el pozo. Coloca el bolígrafo dentro de la botella de agua para representar lo que sucede cuando nos sentimos solos y desesperados.

3. Intenta introducir el dedo dentro de la botella para intentar rescatar el bolígrafo (la persona), pero no lo consigues. Esto representa que aunque la gente intente ayudarnos, no es suficiente.

4. Dile a los niños que solo hay un amor lo suficientemente grande como para rescatarnos, el amor de Dios. Mientras dices esto, poco a poco vierte el agua de la jarra en la botella. El bolígrafo empieza a subir y sale del fondo, flota.

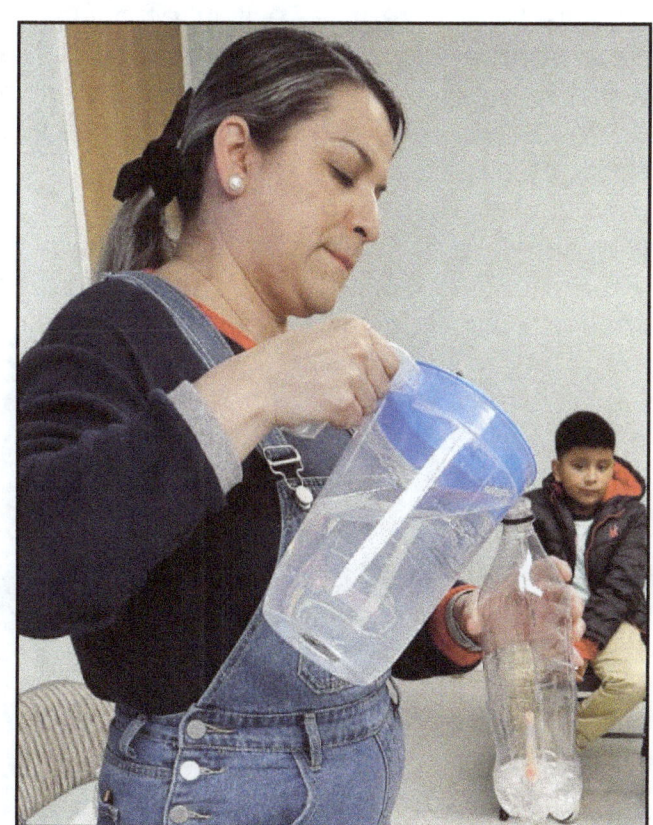

Lindy and Friends | CURRÍCULO JESÚS ES MÍ GUÍA | EDAD 3-9 AÑOS

Querido maestro:

En esta lección tendrás el privilegio y la gran responsabilidad de enseñar a los niños acerca de la **obediencia, el arrepentimiento y el inmenso amor de Dios**. Recuerda que no todos los niños han experimentado amor, cuidado o comprensión de parte de sus padres terrenales; por eso, tu misión es mostrarles con claridad el amor verdadero, perfecto y transformador de nuestro Padre Celestial.

Permite que el Espíritu Santo guíe cada palabra y cada gesto en tu enseñanza. Ora antes y durante la clase, pidiendo que sea Él quien toque los corazones y siembre la verdad en lo más profundo de cada niño.

No olvides que para algunos de ellos, esta podría ser la **primera vez que escuchen a Dios presentado como su Padre amoroso.** Lo que enseñes hoy puede abrirles la puerta a una relación personal con Él que cambiará sus vidas para siempre.

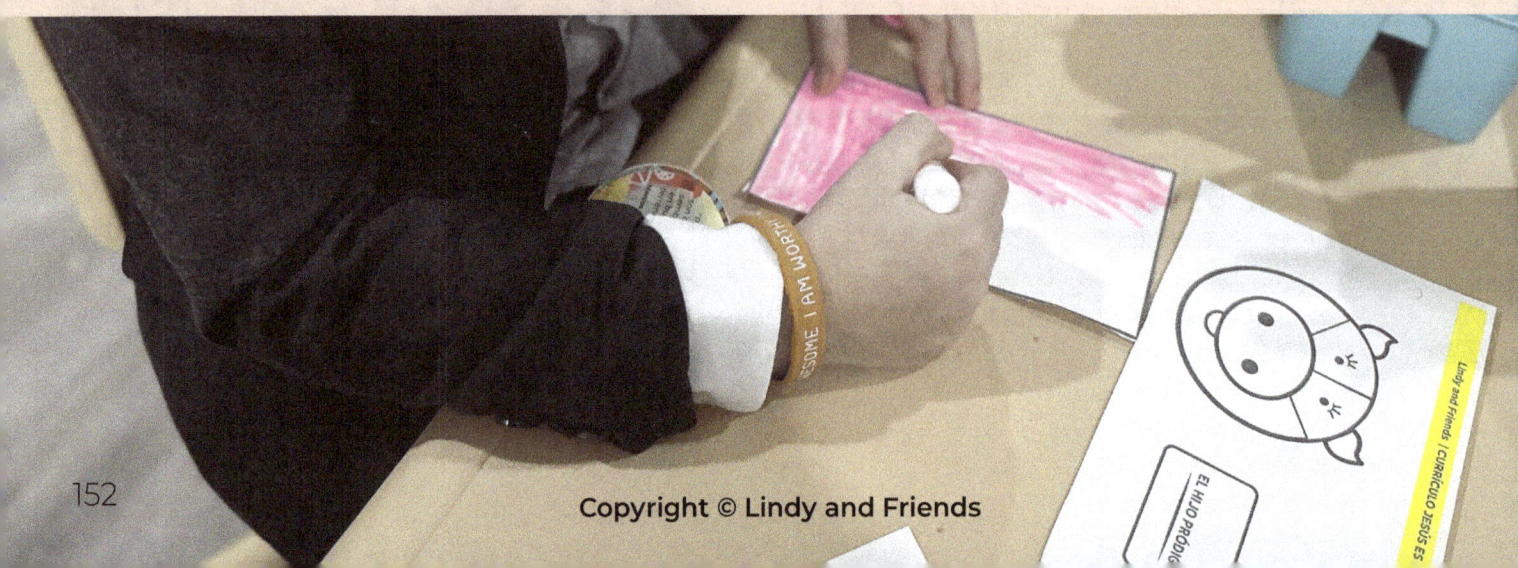

¿Sabías qué?

¿Sabías que el amor de Dios es mayor que el de nuestros padres terrenales? La Palabra de Dios dice que nuestros padres aunque sean malos quieren dar cosas buenas a sus hijos y mucho más nuestro Padre que está en los cielos. Así como nuestros padres terrenales nos perdonan cuando nos portamos mal en la escuela, desobedecemos en casa, nos metemos en problemas, con mayor razón Dios puede perdonar nuestros pecados y darnos nuevas oportunidades.

Los niños deben:

1. Reconocer la importancia de obedecer a nuestros padres.

2. Conocer las consecuencias cuando desobedecemos a nuestros padres.

3. Saber que todo tiene su tiempo y, si sacamos algo fuera de tiempo y no estamos preparados, podemos perderlo.

4. Saber lo que representa la herencia, el mundo, la vida misma que Dios nos dio y que debemos gestionarla bien.

5. Comprender el gran amor de Dios y cuánto se regocija su corazón cuando obedecemos y nos arrepentimos de nuestros pecados.

SUGERENCIA:

Marca un caminito en el piso con cinta adhesiva. Un niño hace de "hijo pródigo" y camina triste por el camino. Otro hace de "papá" y lo abraza fuerte al final.

HISTORIA

EL HIJO PRÓDIGO
Lucas 15:11-32

Visual 1. ¿Sabías que el amor de Dios es aún mayor que el de nuestros padres terrenales? La Palabra de Dios dice que nuestros padres, aunque sean malos, desean dar cosas buenas a sus hijos; ¡cuánto más vuestro Padre que está en los cielos! Así como nuestros padres terrenales nos perdonan cuando nos portamos mal en la escuela, desobedecemos en casa o nos metemos en problemas, con mayor razón Dios puede perdonar nuestros pecados y darnos nuevas oportunidades.
Romanos 10:9.

Visual 2. Nacho y Coco eran hermanos y vivían en la casa de su padre. Nacho era el más joven y Coco, el hermano mayor.

Visual 3. Nacho vivía en un lugar muy hermoso: una casa bonita con muchos juegos, piscinas, caballos, dulces y comida. Su padre le había dado todo, y él tenía todo lo que un niño podría desear.

Lindy and Friends | CURRÍCULO JESÚS ES MÍ GUÍA | EDAD 3-9 AÑOS

Visual 4. Pero un día, Nacho tomó la decisión —sin la voluntad de su padre— de abandonar su casa, irse a un lugar lejano y llevarse todas sus cosas consigo. Le pidió a su padre su herencia, es decir, que le diera todo lo que le correspondía, y su padre se la entregó. (Aquí es importante explicar a los niños el libre albedrío que Dios nos dio: Él nos muestra lo que es mejor para nuestras vidas, pero no nos obliga a hacerlo. Somos nosotros quienes decidimos qué camino tomar.)

Visual 5. Nacho tomó todas sus cosas y se fue a un lugar lejano, probablemente porque algunos de sus amigos le dijeron que lo hiciera, o porque vio que otros también se habían ido y pensó que era ¡muy bueno!

Visual 6. Cuando Nacho llegó a aquel lugar lejano, lo gastó todo en vanidades y fiestas. Después de haber tenido tantas cosas, ya no le quedaba nada y se sentía muy triste. Nacho tuvo que trabajar cuidando cerdos y, aun así, no tenía comida. Estaba tan hambriento que deseaba comer la comida de los cerdos.

Visual 7. Un día, Nacho se puso a pensar y se dio cuenta de que no había tomado la mejor decisión. Entonces pensó que, si regresaba a la casa de su padre, todo sería mejor.

Visual 8. Nacho tomó su bolso, lo único que le quedaba, y dijo:
—Iré a la casa de mi padre. Le pediré perdón porque hice mal y también le diré que quiero obedecerle. (Nacho sale de camino a casa).

Copyright © Lindy and Friends

Visual 9. Nacho llegó a la casa de su padre y, cuando su padre lo vio, salió corriendo a abrazarlo y besarlo.

Visual 10. Su padre organizó una gran fiesta para darle la bienvenida, porque estaba feliz de que su hijo, que estaba perdido, hubiera regresado a casa. Así lo perdonó y lo recibió nuevamente como a su hijo.

Visual 11. ¿Quieres ser obediente a tus padres para llevarte siempre bien con ellos? ¿O prefieres ser desobediente como Nacho, el hijo pródigo, que lo perdió todo? ¿Dejarás que los malos consejos de tus amigos te hagan desobedecer a tus padres?

Lindy and Friends | CURRÍCULO JESÚS ES MÍ GUÍA | EDAD 3-9 AÑOS

MANUALIDADES

Cerdito del hijo pródigo

MATERIALES: Pegamento, tijeras, lápices para colorear, marcadores o crayolas.

1
- Colorea las partes del cerdito del hijo pródigo.
- Pega las partes del cerdito.
- Pega las patitas con el verso en la parte delantera.

2
- Reparte una página para colorear.
- Pide a los niños que escriban sus nombres en la hoja.
- Permite que se la lleven a casa.

EL HIJO PRÓDIGO
"Porque este hijo mío estaba muerto, pero ahora ha vuelto a la vida; se había perdido, pero ha sido hallado."
LUCAS 15:24

Lindy and Friends | **CURRÍCULO JESÚS ES MÍ GUÍA** | EDAD 3-9 AÑOS

EL HIJO PRÓDIGO

"Porque este hijo mío estaba muerto, pero ahora ha vuelto a la vida; se había perdido, pero ha sido hallado."

LUCAS 15:24

Pegar aquí

Lindy and Friends | **CURRÍCULO JESÚS ES MÍ GUÍA** | **EDAD 3-9 AÑOS**

Página para colorear

Lindy and Friends | **CURRÍCULO JESÚS ES MÍ GUÍA** | **EDAD 3-9 AÑOS**

Lindy and Friends | CURRÍCULO JESÚS ES MÍ GUÍA | EDAD 3-9 AÑOS

LECCIÓN 9

La Lámpara

Exploremos el texto

Lucas 8:16-18 (NVI)

6 "Nadie enciende una lámpara y luego la cubre con un tazón o la esconde debajo de la cama. Una lámpara se coloca en un lugar alto, donde todos los que entran a la casa puedan ver su luz. 17 Pues todo lo secreto tarde o temprano se descubrirá, y todo lo oculto saldrá a la luz y se dará a conocer a todos". 18 "Así que presten atención a cómo oyen. A los que escuchan mis enseñanzas se les dará más entendimiento; pero a los que no escuchan, se les quitará aun lo que piensan que entienden".

CONTEXTO BÍBLICO

La liberación iniciada por Jesús no debe ocultarse, sino darse a conocer y contagiar a todos. Quien acoge el Evangelio en su corazón aprende a ver y actuar según **la visión y la acción de Jesús**. Y la comprensión aumenta a medida que actuamos. Quienes no actúan pierden incluso la poca comprensión que ya tienen.

Versículo clave

Romanos 1:16
A la verdad, no me avergüenzo del evangelio, pues es poder de Dios para la salvación de todos los que creen: de los judíos primeramente, pero también de los que no son judíos.

Copyright © Lindy and Friends

Lindy and Friends | CURRÍCULO JESÚS ES MÍ GUÍA | EDAD 3-9 AÑOS

REFLEXIÓN

1 ¿Has experimentado momentos en los que te has sentido avergonzado de decir que eres creyente, en un grupo pequeño o en un lugar público?

2 ¿Crees que los niños hoy en día tienen mayor libertad para expresar su religión públicamente debido a las leyes gubernamentales que prohíben hablar de Jesús en las escuelas durante las clases?

3 ¿Qué estrategias podríamos enseñar a los niños para hablar de Dios públicamente sin sentir miedo de ser castigados o avergonzados?

4 Ciertamente vivimos tiempos de grandes desafíos donde el mundo llama malo a lo bueno y viceversa, de ahí la importancia de llenarnos del poder de Dios para combatir todas las estrategias del enemigo contra los principios bíblicos a través de la fuerza, autoridad y unción del Espíritu Santo. Primero, venceremos toda oposición al evangelio, porque las puertas del Hades no prevalecerán.

Sugerencias para la lección

En esta lección, enseñarás a los niños sobre **el poder del evangelio, que trae salvación, esperanza y vida nueva**. También aprenderán que todos estamos llamados a brillar y compartir con el mundo el amor de Dios, dando a conocer su camino.

Los niños comprenderán que el evangelio es el mensaje más poderoso y que cada uno de ellos puede ser una "luz" que ilumine a otros con ese amor.

Para ilustrar esta enseñanza, puedes usar **una vela o una linterna** y mostrar cómo la luz rompe la oscuridad. Explícales que el evangelio es esa luz que alumbra los corazones.

Sé visual y multisensorial: combina ilustraciones con gestos, sonidos o pequeños objetos. Por ejemplo, no te limites a mostrar un dibujo de una lámpara: enciende una linterna en medio del salón y deja que los niños vean cómo la luz ilumina todo. De esta manera, la aplicación espiritual será más clara, impactante y fácil de recordar.

INTRODUCCIÓN

Plantea a los niños las siguientes preguntas y establece un diálogo con ellos para introducirlos en el contexto de la historia bíblica.

¿Alguna vez se fue la luz en tu casa? ¿Cómo te sentiste en ese momento de oscuridad?

¿Cuándo es bueno estar a oscuras y cuándo necesitamos luz para poder ver lo que estamos haciendo? Pide a los niños que te den ejemplos.

Copyright © Lindy and Friends

Lindy and Friends | CURRÍCULO JESÚS ES MÍ GUÍA | EDAD 3-9 AÑOS

ROMPEHIELO

Bombilla o foco

MATERIALES: Papa, moneda, cuchillo, clavo, alambre eléctrico recubierto y una bombilla.

Instrucciones:

1. En un recipiente, sujeta la papa y hazle un agujero en el medio, del tamaño suficiente para que quepa la base del bombillo..

2. En un extremo de la papa, usa el clavo para hacer un agujero que sea lo suficientemente largo como para que quepa un lado del alambre. Utiliza la punta del clavo si es necesario para empujar el extremo del alambre hacia la papa.

3. Conecta el otro lado del alambre a la cabeza del clavo y empújalo dentro de la papa.

4. En el otro extremo, haz un corte delgado lo suficientemente profundo como para que quepa la moneda.

5. Luego, apaga las luces y coloca la bombilla en el orificio central hecho en la papa y ¡observa cómo se enciende la luz!

6. Habla con los niños sobre cómo somos como esta papa. ¡Podemos ser instrumentos en las manos de Dios para ser luz en medio de la oscuridad! ¡Podemos ser ejemplos de buena conducta en la escuela, en casa, con amigos, y así la gente podrá ver a Cristo brillar en nuestras vidas!

Copyright © Lindy and Friends

Lindy and Friends | **CURRÍCULO JESÚS ES MÍ GUÍA** | EDAD 3-9 AÑOS

Querido maestro:

En esta lección enseñarás a los niños que **la luz de Dios debe brillar en sus vidas** para que otros puedan conocerlo. Jesús nos recuerda en Lucas 8:16-18 que nadie enciende una lámpara para esconderla, sino para que alumbre y todos vean su resplandor.

De la misma manera, los niños aprenderán que cuando **obedecen, ayudan, oran y muestran amor**, la luz de Jesús resplandece en ellos. Su testimonio, aunque sean pequeños, puede impactar a su familia, a sus amigos y a todos los que los rodean.

Recuerda: tu labor es animarlos a no esconder su luz, sino a dejar que brille con fuerza. Haz que comprendan que cuando la luz de Cristo se refleja en nosotros, otros también encuentran el camino hacia Dios.

Lindy and Friends | **CURRÍCULO JESÚS ES MÍ GUÍA** | **EDAD 3-9 AÑOS**

¿Sabías qué?

La electricidad viaja increíblemente rápido: casi a la velocidad de la luz (¡más de 299,000 km por segundo!). Eso significa que cuando enciendes una bombilla, la luz aparece casi al instante, iluminando todo alrededor.

Jesús dijo que somos como una lámpara puesta en lo alto para alumbrar a todos. Así como la electricidad permite que una bombilla brille de inmediato y alumbre una habitación entera, nuestra vida conectada a Jesús debe brillar rápido y fuerte con amor, fe y buenas obras, para que otros vean la luz de Dios en nosotros.

Los niños deben:

1. Entender que podemos o no ser luz en la oscuridad, y eso depende de las decisiones que tomemos.

2. Identificar cómo podemos compartir de Jesús a las personas que nos rodean.

3. Comprender que además de ser instrumentos, también necesitamos usar nuestras palabras para predicar de Jesús a otras personas.

4. Reconocer la importancia de mostrar nuestra luz a quienes no conocen de Cristo y la transformación que puede ocurrir en la vida de estas personas.

SUGERENCIA: Busca información en la web sobre personas de Dios que han hecho la diferencia en el mundo predicando el evangelio.

HISTORIA

Visual 1. Porque no me avergüenzo del evangelio, porque es poder de Dios para salvación a todo aquel que cree; al judío primeramente, y también al griego.
Romanos 1. 16

Visual 2. Flofi y Lindy estaban esperando a Nene-Nino. Habían acordado ir juntos a la iglesia esa mañana, ¡pero no llegó! Entonces decidieron ir a su casa para ver si había pasado algo.

Visual 3. Cuando llegaron a su casa, todas las luces estaban apagadas. Lo llamaron, ¡pero nada! Luego entraron y todo estaba muy oscuro. Mientras intentaban llegar a la habitación de Nene-Nino, tropezaron con el sofá, derribaron una silla y hasta entraron al baño pensando que era su dormitorio. ¡Fue un desastre!

Cuando finalmente lograron entrar a su sala, vieron que todavía estaba durmiendo.

Visual 4. Encendieron la luz y lo llamaron, pero con esa cara de sueño no respondió. No entendía nada.
¿Tú también eres así? Cuando alguien te despierta por la mañana, ¿sigues pensando qué hora es, qué día es, si es un día de escuela, de iglesia o un sábado en el que puedes jugar con tus amigos?
Nene-Nino pensó unos segundos y recordó el compromiso que había hecho con sus amigos. Al disculparse, explicó que estaba cansado, que se había olvidado de poner el despertador y que, como todo estaba tan oscuro, pensó que podía dormir un poco más.

Lindy and Friends | CURRÍCULO JESÚS ES MÍ GUÍA | EDAD 3-9 AÑOS

Visual 5. Entonces Lindy le dijo que estaba bien, que lo esperarían para que se preparara. Nene-Nino se alistó rápidamente y juntos caminaron hacia la iglesia.

Visual 6. En el camino, Lindy notó que Flofi estaba un poco tensa y le preguntó si estaba bien. Flofi respondió que lo que le había pasado a Nene-Nino le recordó cuando ella estuvo perdida: no sabía dónde estaba, se sentía sola, asustada y en la oscuridad… hasta que Kiki-Blue la encontró. Luego añadió que, por esa razón, no le gusta mucho la oscuridad, pero dio gracias a Dios por la vida de Kiki-Blue, quien la rescató y la trajo de regreso sana y salva. Entonces Lindy recordó una historia que Jesús había contado a sus discípulos, y mientras seguían caminando hacia la iglesia, comenzaron a hablar del pasaje de Juan 3, donde aparece un hombre llamado Nicodemo.

Visual 7. Nicodemo estudiaba mucho la Palabra de Dios, iba a la iglesia, leía siempre la Biblia, era muy dedicado, trabajador y de buena familia. Cuando oyó hablar de Jesús, sintió curiosidad por saber quién era Él. Sin embargo, no quería que sus amigos, vecinos o maestros se enteraran de que iba a hablar con Jesús. Nicodemo deseaba aprender de Él, pero prefería que nadie lo supiera.

Visual 8. Una noche, cuando todos ya se habían ido a dormir, Nicodemo salió de su casa y fue a buscar a Jesús. Al encontrarse con Él, lo llamó Maestro. Nicodemo sabía que Jesús era mucho más que un simple profeta o un buen hombre; en el fondo, creo que sabía que Jesús era el Hijo de Dios.

Visual 9. Y mientras conversaban, Jesús le enseñó muchas cosas a Nicodemo. Precisamente a él fue a quien Jesús citó el versículo más conocido de la Biblia, que se encuentra en Juan 3:16.
¿Quién conoce este versículo?
A pesar de su interés, Nicodemo todavía no quería que nadie supiera de su encuentro con Jesús. Y eso es realmente triste, porque ¿cómo podría contarle a la gente acerca de Jesús si tenía miedo o vergüenza?
A diferencia de Nicodemo, nosotros debemos mostrar a todos quién es Jesús. No importa dónde estemos (en la escuela, en casa, en la iglesia o en el mercado); no importa la hora (de día o de noche); ni con quién estemos (con amigos, primos o vecinos). Siempre debemos reflejar a Jesús.
No podemos escondernos como la papa de nuestro experimento, sino que debemos ser instrumentos que muestran la luz de Jesús a través de nuestras buenas obras, nuestro buen comportamiento, nuestras actitudes correctas y también hablando de Él a todos los que están cerca de nosotros.

Visual 10. Lindy, Flofi y Nene-Nino llegaron a la iglesia justo a tiempo para cantarle al Señor:
"¡Mi lucecita la dejaré brillar!"

Lindy and Friends | CURRÍCULO JESÚS ES MÍ GUÍA | EDAD 3-9 AÑOS

MANUALIDADES

Bombillo de dulce

MATERIALES: Etiquetas con el versículo de la clase. colores, tijeras, dulces.

Instrucciones:

1. Distribuye la etiqueta con el versículo de la Biblia para que los niños coloreen y recorten.
2. Distribuye las lámparas de plástico a cada uno de los niños.
3. Entrega una bolsa de dulces a cada niño.
4. Ayuda a los niños a llenar la lámpara de dulces.
5. Ata la etiqueta con el versículo de la Biblia a la boca de la lámpara.

Lindy and Friends | CURRÍCULO JESÚS ES MÍ GUÍA | EDAD 3-9 AÑOS

Luz vs. Oscuridad

MATERIALES: Hojas de actividades para cada alumno, una con las palabras luz vs. oscuridad, otra hoja con imágenes que representan la luz de Jesús o la oscuridad del pecado, tijeras, colores, pegamento.

Instrucciones:

1. Entrega a cada niño sus hojas de la actividad.
2. Colorea las imágenes.
3. Recorta y pega cada situación en la columna correcta.

Lluvia de ideas cómo hacer brillar mi luz

MATERIALES: Hoja de actividad para cada alumno "Yo puedo ser una luz al mundo" (esta puede ser una actividad para llevar a casa).

Instrucciones:

1. Entrega a cada niño su hoja de la actividad.
2. Completa los círculos con ideas prácticas sobre cómo puedes compartir la luz de Jesús con el mundo.

Lindy and Friends | CURRÍCULO JESÚS ES MÍ GUÍA | EDAD 3-9 AÑOS

"No me avergüenzo del evangelio, pues es poder de Dios para la salvación de todos los que creen."

Romanos 1:16

Copyright © Lindy and Friends

Lindy and Friends | *CURRÍCULO JESÚS ES MÍ GUÍA* | EDAD 3-9 AÑOS

Luz | Oscuridad

Lindy and Friends | **CURRÍCULO JESÚS ES MÍ GUÍA** | **EDAD 3-9 AÑOS**

Copyright © Lindy and Friends

Lindy and Friends | CURRÍCULO JESÚS ES MÍ GUÍA | EDAD 3-9 AÑOS

LECCIÓN 10

El Trigo y La Cizaña

Exploremos el texto

CONTEXTO BÍBLICO

Mateo 13:24-30; 36-43 (NVI)

La parábola de hoy habla de la existencia del mal en medio del bien y de la separación definitiva entre ambos. En su enseñanza, Jesús deja claro que, en ciertas etapas, el mal se extiende de forma tan sigilosa que es prácticamente imposible diferenciarlo. Sin embargo, al final, Él se encargará, por medio de sus ángeles, de **separar a los buenos de los malos**. Ese día, los malvados serán eliminados de entre los redimidos. Los hijos del maligno se distinguirán perfectamente de los hijos de Dios y serán arrojados al lugar del tormento. Pero los fieles entrarán en la bienaventuranza eterna.

Jesús contó otra parábola: «El reino de los cielos es como un hombre que sembró buena semilla en su campo. 25 Pero mientras todos dormían, llegó su enemigo y sembró mala hierba entre el trigo y se fue. 26 Cuando brotó el trigo y se formó la espiga, apareció también la mala hierba. 27 Los siervos fueron al dueño y le dijeron: "Señor, ¿no sembró usted semilla buena en su campo? Entonces, ¿de dónde salió la mala hierba?". 28 "Esto es obra de un enemigo", respondió. Le preguntaron los siervos: "¿Quiere usted que vayamos a arrancarla?". 29 "¡No! —contestó—, no sea que, al arrancar la mala hierba, arranquen con ella el trigo. 30 Dejen que crezcan juntos hasta la cosecha. Entonces diré a los segadores: Recojan primero la mala hierba y átenla en manojos para quemarla; después recojan el trigo y guárdenlo en mi granero"».

Versículo clave

Mateo 7:20
"Así que por sus frutos los conocerán"

REFLEXIÓN

 ¿Qué tipo de comportamiento crees que nos hace ser como la cizaña y qué nos hace ser como el trigo?

 ¿Cómo crees que podemos protegernos de la "cizaña" en nuestras vidas?

Copyright © Lindy and Friends

Sugerencias para la lección

En esta lección, enseñarás a los niños que **los salvos y los no salvos convivimos en este mundo** hasta el momento en que seamos separados, cuando estemos con Dios, mientras tanto necesitamos paciencia hasta que llegue ese momento. Mientras llega ese día, debemos compartir el evangelio, dar buen ejemplo con nuestras acciones y conducta en nuestras vidas, para que más personas conozcan a Jesús a través de nosotros.

Presenta algunos **ingredientes ya sean reales o en imágenes** sin mencionar para qué sirven, enfócate en mostrar el trigo, ya que es la materia prima con la que se elabora el pan, puedes preguntar si saben para qué sirven esos ingredientes. Así les resultará fácil comprender la lección bíblica con algo con lo que están familiarizados. Si logramos recrear la historia de manera vivencial, los niños no solo escucharán, sino que también participarán activamente y recordarán la enseñanza por más tiempo.

INTRODUCCIÓN

Establece un diálogo con ellos para introducirlos en el contexto de la parábola. Puedes preguntarles por su pan favorito y con qué suelen acompañarlo.

Puedes llevar algún pan a la clase y pedir a los niños que tomen un trozo con las manos y se lo coman. No solo será un buen momento de compañerismo, sino que aprovecharán para probarlo y preguntar de qué está hecho el pan.

Muestra los ingredientes nuevamente o anexas imágenes de distintos tipos de pan, esto les ayudará a recordar no solo con la mente, sino también con el estómago.

¿De qué creen que está hecho el pan, cómo reconocen el olor, conocen el trigo?

Puedes hacer tantas preguntas como quieras, pero recuerda centrarte en el trigo.

Lindy and Friends | CURRÍCULO JESÚS ES MÍ GUÍA | EDAD 3-9 AÑOS

ROMPEHIELO

¡El trigo, la cizaña y el Señor!

MATERIALES: Una figura en forma de corazón de cualquier material.

Instrucciones:

1. Divide a tus alumnos en tres grupos: puedes llamarlos como quieras.

2. **Grupo #1:** Les darás un pequeño corazón en sus manos para que lo protejan.

3. **Grupo #2:** Les ordenarás que agarren con cuidado a un miembro del equipo uno. Una vez que lo hayan hecho, deberán abrazarlo y detenerse.

4. **Grupo #3:** Una vez que todos los del grupo 2 hayan abrazado a un miembro del grupo 1, el grupo 3 deberá hacerles cosquillas.

5. Este juego no solo será divertido, sino que también les dará una idea de la historia. Puedes utilizarlo al final para explicar y revelar los nombres reales: Grupo 1 (trigo), Grupo 2 (cizaña), Grupo 3 (El Señor).

Copyright © Lindy and Friends

Lindy and Friends | CURRÍCULO JESÚS ES MÍ GUÍA | EDAD 3-9 AÑOS

Querido maestro:

En esta lección tendrás la oportunidad de guiar a los niños en una enseñanza profunda y llena de verdad: la parábola del **trigo y la cizaña**. Jesús nos muestra que en este mundo conviven el bien y el mal, los que aman a Dios y los que lo rechazan. Sin embargo, Él es paciente y justo, y llegará el día en que separará lo verdadero de lo falso.

Tu misión es ayudar a los niños a comprender que Dios desea que ellos sean como el **trigo**, **firmes en la fe, creciendo sanos y dando buen fruto**. Aunque a veces estén rodeados de malas influencias o tentaciones, el Señor los cuida y les da fuerzas para permanecer fieles hasta el final.

Recuerda: cada palabra que siembres en sus corazones es una semilla de fe que puede dar fruto abundante. Anímalos a seguir a Jesús con amor y perseverancia, confiando en que al final, los que le son fieles brillarán en la presencia de Dios.

Lindy and Friends | CURRÍCULO JESÚS ES MÍ GUÍA | EDAD 3-9 AÑOS

Los niños deben:

1. Diferenciar entre el trigo y la cizaña, reconociendo lo que cada uno tiene para ofrecernos.

2. Reflexionar sobre cómo podemos identificar las actitudes de la "cizaña" y alejarnos de ellas.

3. Conocer a Cheche y su trabajo como sembrador y cosechador de trigo.

¿Sabías qué?

Las malas hierbas crecen hasta un metro de altura. Físicamente, en su fase de crecimiento, se parece un poco al trigo. En algunos lugares, incluso se la conoce como "falso trigo". Las malas hierbas y sus granos (porque también producen granos) pueden ser tóxicos para el consumo humano, por lo que es importante no confundirlas con el trigo.

En la época romana, estaba prohibido por ley sembrar cizaña en los campos de trigo de la gente. Esta práctica se utilizaba entre enemigos que querían echar a perder sus cosechas.

SUGERENCIA: Busca información en la web sobre diferencia entre el trigo y la cizaña para compartir con tus alumnos.

Copyright © Lindy and Friends

HISTORIA

Visual 1. Cheche disfruta de sus vacaciones de verano ayudando a todos sus vecinos. Saca la basura, va al mercado por ellos, ayuda a los ancianos a cruzar la calle y hasta resuelve peleas. A Cheche le complace mucho servir a los demás.

Visual 2. Un día, mientras llevaba las compras de Tata, Cheche percibió un olor muy particular.
—Hmm... ¿de dónde viene ese olor? —se preguntó.
Como cualquier niño curioso, lo siguió y llegó hasta una panadería. Sus ojos brillaron al ver tantas hogazas de pan. No solo olían delicioso, ¡también se veían riquísimas!

Visual 3. Cheche corrió a dejar las compras de Tata y regresó rápidamente a la panadería. No pudo resistirse y compró uno de esos panes que tanto deseaba. Y tenía razón: estaban deliciosos. ¡Disfrutó hasta el último bocado!

Visual 4. Los vecinos ya no veían pasar a Cheche como antes, y eso era de esperarse: todos los días salía muy temprano a comprar pan delicioso. Primero compró uno, luego dos, después tres y hasta cuatro... hasta que se pasó de la raya. Todos lo vieron con las mejillas llenas, comiendo pan sin parar.

Lindy and Friends | **CURRÍCULO JESÚS ES MI GUÍA** | **EDAD 3-9 AÑOS**

Visual 5. ¡Otra fiesta para Cheche! Salió a comprar otra hogaza de pan y, cuando fue a pagar, se dio cuenta de que sus bolsillos estaban vacíos. No lo podía creer... ¡qué pena!
Cheche había comprado tanto pan que ya se le había acabado el dinero. Estaba triste y no pudo contener las lágrimas al darse cuenta de que sus días de pan habían terminado.

Visual 6. Cheche estaba sentado debajo de un árbol, pensando en cómo podría conseguir más pan, cuando de repente se le ocurrió una gran idea:
—¡Si hago mi propio pan, tendré pan para toda la vida!
Esto animó tanto a Cheche que no dudó en preguntarle al panadero cómo se hacía el pan. El panadero le habló del trigo, la harina y los huevos. Entonces Cheche decidió que tendría su propia cosecha de trigo para tener siempre suficiente harina y poder hacer muchas, muchas, ¡muchísimas hogazas de pan!

Visual 7. Aquí estaba Cheche, tirando semillas de trigo por todo el patio de su granja. Todo Todos los días regaba y contaba las horas para ver crecer su trigo. el solo estaba pensando en todo el pan que tendría.

Visual 8. Pasaron dos meses y Cheche volvió a la escuela. Cada vez que regresaba, se apresuraba a ver los frutos de su arduo trabajo. Sin embargo, un día, al volver a su granja, notó que algo extraño estaba sucediendo: sus ramas de trigo, sus futuros panes, parecían arruinados.
¡Qué tristeza! Cheche imaginó cómo cada rollo de pan desaparecía de su mesa.

Copyright © Lindy and Friends

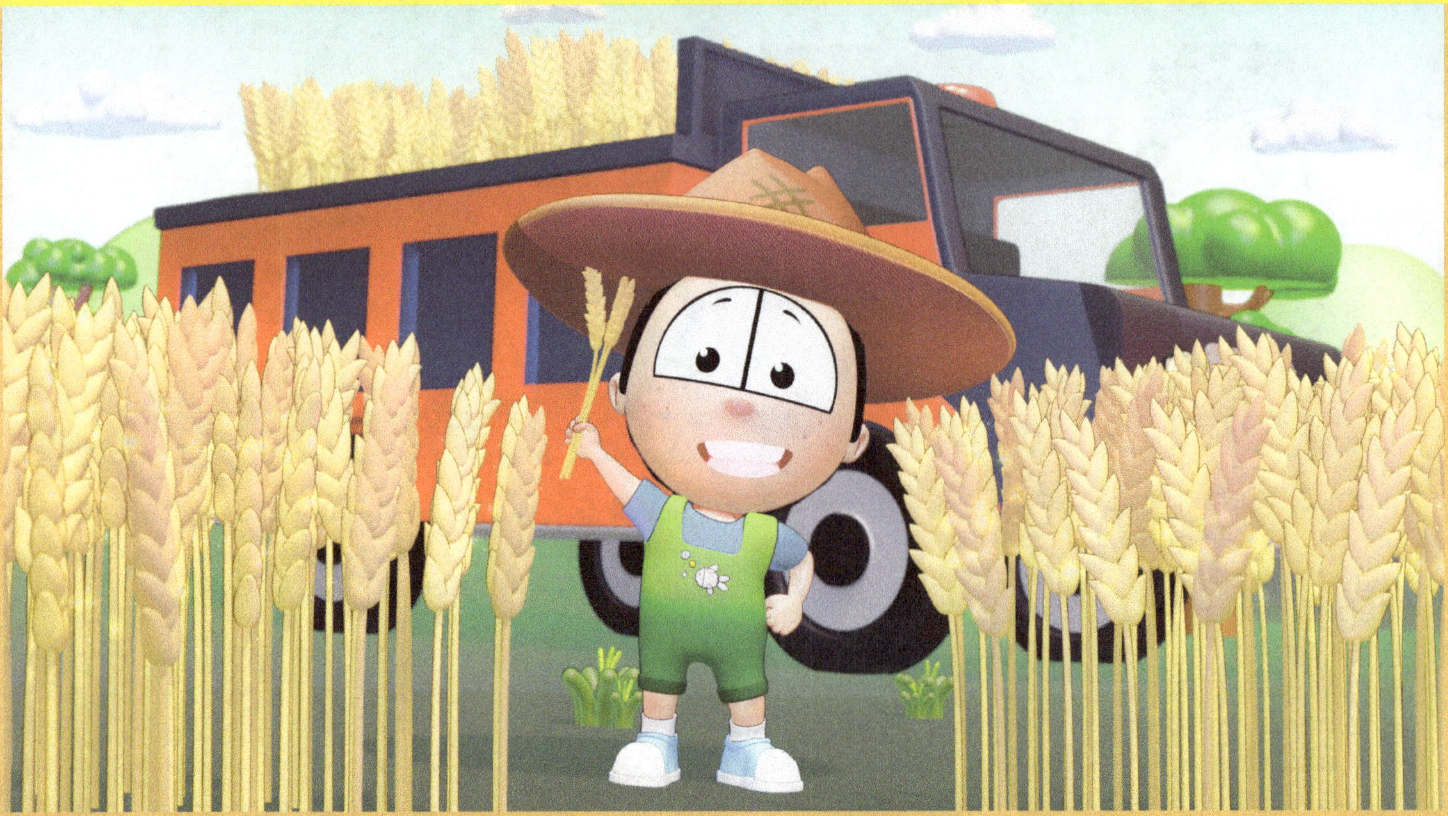

Visual 9. ¡Es hoy! ¡Es hoy! El gran día en que Cheche quitaría todas las malas hierbas de su precioso trigo. Se vistió como un gran granjero y salió a defender sus futuros panes. Tomó cada rama de trigo y la separó de la paja. Fueron horas y horas de trabajo, pero al final todo su trigo estuvo a salvo.
Cheche se enojó mucho con la paja y decidió tirarla para que nunca más estropeara su cosecha.
De esta misma manera, un día Jesús separará el trigo de la paja. Por eso debemos cuidar nuestras vidas y ser muy sabios para no dejarnos engañar por la paja.

Visual 10. Sin duda, Cheche fue al panadero, le mostró todo su trigo y juntos hicieron harina y mucho pan. Cheche estaba tan feliz al ver que, a pesar de la paja, su trigo no se había perdido. ¡Qué importante fue apartarlo de todo lo malo para que luego pudiera convertirse en un delicioso pan!

Expresiones del Corazón de Dios ®

Lindy and Friends | CURRÍCULO JESÚS ES MÍ GUÍA | EDAD 3-9 AÑOS

MANUALIDADES

Trigo de papel

MATERIALES: Página de actividad del trigo, papel amarillo (tamaño carta), lápices de colores o marcadores, tíjeras, pegamento.

Instrucciones:

1. Entrega a los niños las hojas de trigo para colorear.

3. Luego pega los extremos hacia dentro.

2. Reparte a los niños las tiras recortadas del papel amarillo. (Sigue el paso paso del cortado de las tiras en la página a continuación).

4. Pega las tiras sobre el papel de trigo para imitar la forma de las semillas.

Copyright © Lindy and Friends

Lindy and Friends | **CURRÍCULO JESÚS ES MÍ GUÍA** | **EDAD 3-9 AÑOS**

MANUALIDADES

Tiras de papel para el trigo

Paso a paso: Sigue los 12 pasos con atención para obtener el resultado deseado.

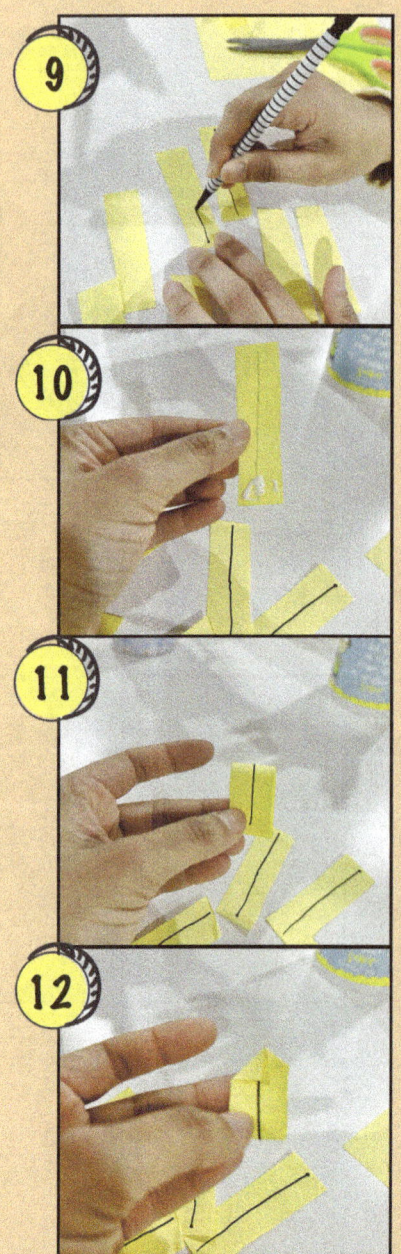

Copyright © Lindy and Friends

Lindy and Friends | CURRÍCULO JESÚS ES MÍ GUÍA | EDAD 3-9 AÑOS

MANUALIDADES

Acciones que son trigo

Instrucciones:

- Reparte una página para colorear.
- Pide a los niños que escriban sus nombres en la hoja.
- Permite que se la lleven a casa.

Copyright © Lindy and Friends

Lindy and Friends | CURRÍCULO JESÚS ES MÍ GUÍA | EDAD 3-9 AÑOS

Colorea las acciones que son trigo

Lindy and Friends | **CURRÍCULO JESÚS ES MÍ GUÍA** | **EDAD 3-9 AÑOS**

Lindy and Friends | CURRÍCULO JESÚS ES MÍ GUÍA | EDAD 3-9 AÑOS

LECCIÓN 11

Los Talentos

Exploremos el texto

CONTEXTO BÍBLICO

Mateo 25:20-26

El apóstol Pedro habla de nuestra responsabilidad en el desarrollo de nuestros dones, diciendo que cada "uno" debe administrar "a los demás el don tal como lo ha recibido, como buenos administradores de la multiforme gracia de Dios" (1 Pe 4,10). Si, por una parte, debemos esperar la venida del Señor, por otra, hasta que eso suceda, es nuestro deber trabajar en la causa del Maestro, **llevando la Palabra del Evangelio a todo el mundo** (Mt 28,19.20). Esto es precisamente lo que Jesús enseñó en la parábola que vamos a estudiar hoy. Tenemos que desarrollar los talentos que hemos recibido de Dios.

20 El que había recibido las cinco mil monedas llegó con las otras cinco mil. "Señor —dijo—, usted me encargó cinco mil monedas. Mire, he ganado otras cinco mil". 21 Su señor respondió: "¡Hiciste bien, siervo bueno y fiel! En lo poco has sido fiel; te pondré a cargo de mucho más. ¡Ven a compartir la felicidad de tu señor!". 22 Llegó también el que recibió dos mil monedas. "Señor —informó—, usted me encargó dos mil monedas. Mire, he ganado otras dos mil". 23 Su señor respondió: "¡Hiciste bien, siervo bueno y fiel! En lo poco has sido fiel; te pondré a cargo de mucho más. ¡Ven a compartir la felicidad de tu señor!". 24 »Después llegó el que había recibido mil monedas. "Señor —explicó—, yo sabía que usted es un hombre duro, que cosecha donde no ha sembrado y recoge donde no ha esparcido. 25 Así que tuve miedo y fui y escondí su dinero en la tierra. Mire, aquí tiene lo que es suyo". 26 Pero su señor respondió: "¡Siervo malo y perezoso! ¿Así que sabías que cosecho donde no he sembrado y recojo donde no he esparcido?

Versículo clave

Mateo 25:21
"¡Bien hecho, siervo bueno y fiel! Has sido fiel en lo poco; yo te daré mucho"

Copyright © Lindy and Friends

Lindy and Friends | CURRÍCULO JESÚS ES MÍ GUÍA | EDAD 3-9 AÑOS

REFLEXIÓN

1. ¿Qué diferencia hay entre la actitud de los dos primeros siervos y la del tercero?
2. ¿Qué crees que sintió el amo en cada caso?
3. ¿Con cuál de estos siervos te identificas más?
4. ¿Cuáles son las características de un siervo fiel que puedes aprender de esta parábola?

Sugerencias para la lección

En esta lección, enseñarás a los niños **el principio de multiplicación, usar los dones** para servir a otros y desde ahora practicar nuestro compromiso para servir a Dios

En esta parábola hablarás de los talentos, que significa habilidades, pero que en este caso se refiere a una unidad de medida para el dinero. Para que los niños comprendan mejor el concepto, puedes llevar a la clase **monedas de chocolate** u otros objetos familiares para ellos.

Lo importante es que, aunque los niños no conozcan el mundo antiguo, puedan relacionar el texto con su vida actual. Ambientar la parábola con elementos visuales, gestos y recursos creativos ayudará a que el mensaje sea más fácil de recordar y lo hagan propio.

Finalmente, es recomendable evitar los términos antiguos y usar palabras más modernas que los niños comprendan con facilidad. Por ejemplo, en lugar de decir "talento", puedes utilizar la palabra "moneda".

INTRODUCCIÓN

Plantea a los niños una situación en la que deban pensar cómo hacer rendir algo. Esto los ayudará a introducirse en el principio de multiplicación que encontramos en el pasaje bíblico.

Lleva a la clase algunas frutas reales o de papel para recordarles la importancia de compartir y presenta un desafío:

—Hoy solo pude traer dos manzanas, necesito que me ayuden a pensar qué podemos hacer para que cada uno tenga una manzana.

La idea es que los niños busquen soluciones y, al final, repartan las manzanas entre todos.

Expresiones del Corazón de Dios ®

Lindy and Friends | CURRÍCULO JESÚS ES MÍ GUÍA | EDAD 3-9 AÑOS

ROMPEHIELO

Reforcemos las amistades

MATERIALES: Cualquier fruta de tu área.
Asegúrate que todos los niños de tu clase pueden comer la fruta que llevas, pregunta a los padres si son alérgicos o no.
Recuerda, puedes substituir la fruta por cualquier otra cosa que pueda dividirse.

Instrucciones:

1. Divide a los niños en grupos de dos o más dependiendo de la cantidad.

2. Promueve el diálogo y la participación para solucionar cómo lograr que todos tengan un pedazo de fruta.

3. Preguntarles qué estrategia utilizaron o cómo repartieron lo que les tocó.

4. Cuando hayan logrado repartir la pieza de fruta, felicítalos por lograr que todos en su grupo disfrutarán de ella, aunque sea una pieza pequeña.

5. Usa expresiones como: "¡Ah, ahora en vez de una manzana hay tres trozos de manzana!" o "¡Vaya, ya no es una pizza, sino cinco trozos de pizza!"

Lindy and Friends | CURRÍCULO JESÚS ES MÍ GUÍA | EDAD 3-9 AÑOS

Querido maestro:

En esta lección serás instrumento en las manos de Dios para enseñar a los niños la parábola de **los talentos**, una historia que nos recuerda que Dios ha puesto en cada persona dones, capacidades y oportunidades para usarlos en su servicio.

Tu misión es ayudar a los niños a descubrir que ellos también han recibido "talentos" de parte de Dios: **su voz, sus manos, su alegría, su disposición para ayudar y su corazón para amar**. Enséñales que cuando usamos lo que Dios nos da con fidelidad, Él se agrada y multiplica nuestras bendiciones.

Recuerda: no importa si el talento parece pequeño o grande, lo importante es usarlo con amor y obediencia. Con tu ejemplo y enseñanza estarás inspirando a cada niño a valorar lo que Dios les ha confiado y a ser siervos fieles que un día escucharán las palabras más hermosas: "Bien, buen siervo y fiel, en lo poco fuiste fiel, sobre mucho te pondré; entra en el gozo de tu Señor".

Lindy and Friends | CURRÍCULO JESÚS ES MÍ GUÍA | EDAD 3-9 AÑOS

¿Sabías qué?

Un talento era una moneda que tenía un valor dependiendo de si era de oro o de plata. Hoy en día, un talento de plata vale 6.606 dólares y un talento de oro vale 385.350 dólares. Vaya, qué valor daba este señor a sus siervos. ¿Qué crees que podríamos comprar con esa cantidad de dinero?

Los niños deben:

1. Diferenciar entre las actitudes de un "siervo fiel" y un "siervo perezoso", comprendiendo la importancia de tener una actitud responsable y comprometida con las tareas que se nos encomiendan.

2. Relacionar el talento "dinero" con acciones al servicio de Dios, comprendiendo que todo lo que tenemos, incluido nuestro dinero, es un don de Dios que debemos utilizar con sabiduría y generosidad para servir a los demás.

3. Reflexionar sobre la mejor manera de servir a Dios, considerando nuestras capacidades y talentos únicos y cómo podemos utilizarlos para marcar una diferencia positiva en el mundo y glorificar a Dios en todo lo que hacemos.

SUGERENCIA: Busca información en la web sobre personas creyentes que con el talento que Dios les dio han impactado al mundo.

Lindy and Friends | CURRÍCULO JESÚS ES MÍ GUÍA | EDAD 3-9 AÑOS

HISTORIA

Y su señor le dijo: Bien, buen siervo y fiel; sobre poco has sido fiel, sobre mucho te pondré; entra en el gozo de tu señor.

Mateo 25. 21

Visual 1. ¡Llegó el gran día! Tato y Tata se van de vacaciones. Habían esperado tanto tiempo este momento. Pero, al salir de la casa, a Tata se le cayeron las maletas y Tato le preguntó: ...

Visual 2. Con sorpresa, Tato preguntó: —¿Qué te pasa, Tata?
Ella, muy preocupada, gritó: —¡Mis girasoles, mis queridos girasoles! ¿Quién los cuidará por mí?
Tato intentó tranquilizarla diciéndole que todo estaría bien. Sin embargo, Tata seguía insistiendo: —He decidido que no iré. Me quedaré con mis queridos girasoles; se pondrán muy tristes si me voy.

Visual 3. Su amado Tato ya no sabía qué hacer. Caminó por el barrio buscando a alguien que pudiera cuidar los girasoles de Tata mientras ella estuviera fuera de casa.

Entonces vio a Nene-Nino, que descansaba en un banco del parque. Como Tato sabía que él tenía talento, le pidió que lo acompañara.

Lindy and Friends | **CURRÍCULO JESÚS ES MÍ GUÍA** | **EDAD 3-9 AÑOS**

Visual 4. En el camino de regreso a casa, Tato se encontró con Boki. Como sabía lo inteligente que era, también le pidió que lo acompañara. Nene y Boki se miraron entre sí, un poco confundidos. No tenían idea de lo que estaba ocurriendo, pero algo era seguro: si Tato los estaba llevando con tanta prisa, debía ser importante.

Visual 5. Cuando llegaron a casa, Tato anunció con una gran sonrisa: —¡Aquí están los que cuidarán tus girasoles! Ahora sí, podemos irnos de vacaciones. Nene y Boki se miraron con los ojos bien abiertos, como diciendo: "¿Quéee? ¿Nosotros?" Pero al ver la carita feliz de Tata, no se atrevieron a decir que no. Tragaron saliva, sonrieron nerviosos y pensaron: "¡Ay no! ¿En qué lío nos hemos metido?".

Visual 6. Ella les dio las instrucciones con mucha seriedad:
—Colóquenlos en un lugar fresco, no los expongan demasiado al sol, manténganlos siempre con agua...Tato y Tata finalmente se fueron de vacaciones, y todo quedó en manos de Nene y Boki hasta la próxima semana.

Visual 7. Boki y Nene se pararon frente a un jardín lleno de girasoles que parecían sonreír bajo el sol. No eran expertos en plantas, pero sabían que Tato y Tata les habían confiado una gran responsabilidad.

Tras un breve silencio, decidieron organizarse: Boki cuidaría un lado del jardín y Nene-Nino se encargaría del otro. Con mucha emoción, cada uno comenzó su labor, imaginando lo feliz que estaría Tata al regresar y encontrar sus girasoles tan radiantes como siempre.

Visual 8. Boki, muy dedicado como siempre, empezó a leer cómo cuidar los girasoles. Todos los días los cuidaba del sol, los regaba, incluso les hablaba como si fueran sus amigos. También tomó las semillas de girasol y las volvió a plantar. Su lado del jardín siempre brillaba con girasoles amarillos.

Visual 9. Nene-Nino, siempre talentoso al tratar de analizar todo el jardín, pero siendo un pequeño dormilón, solo miraba por un rato. Dormía más de lo que cuidaba los girasoles, que poco a poco pasaban de un amarillo brillante a un marrón marchito.

Visual 10. Pasaron los días y el jardín quedó dividido entre hermosos girasoles y un montón de hojas secas. Llegó el domingo por la tarde y la feliz pareja ya estaba descargando sus maletas del auto. Como era de esperar, Tata abrió la puerta principal y corrió hacia el patio exclamando: —¡Mis girasoles, mis queridos girasoles! ¡Aquí estoy de nuevo!

Visual 11. Al entrar, notó los brillantes girasoles que Boki había cuidado y cultivado. Sus ojos se iluminaron de emoción y hasta comenzó a bailar alrededor de aquellas plantas amarillas, cuando…

Visual 12. De repente escuchó un: —¿Qué es esto? Su mirada y su sonrisa desaparecieron al ver que el otro lado de su jardín estaba descuidado y marchito. Tata lloró: —¡Mis girasoles, mis queridos girasoles! ¿Por qué están tristes? Desconsolada, salió corriendo a comprar más semillas.

Nene-Nino se sintió triste y arrepentido por no haber dado los pasos necesarios. A partir de ese día, aprendió una lección muy importante: debía ser consciente de su entorno y no preocuparse solo por sí mismo. Así, hasta un pequeño ratoncito logró ser más responsable y atento. Nene-Nino comprendió que debía poner en práctica sus talentos y ser fiel en las tareas que tenía en sus manos. Reconoció que Dios se los había dado para que pudiera hacer la diferencia en su entorno. De la misma manera, Jesús nos ha dado talentos a todos nosotros. Nos dio dones y habilidades especiales para que seamos instrumentos en la tierra y bendigamos a las personas que nos rodean. No podemos descuidar ni enterrar los preciosos dones que Dios nos ha confiado. Aprovechemos cada oportunidad para servir y glorificar el nombre de nuestro Señor Jesús.

Lindy and Friends | CURRÍCULO JESÚS ES MÍ GUÍA | EDAD 3-9 AÑOS

MANUALIDADES

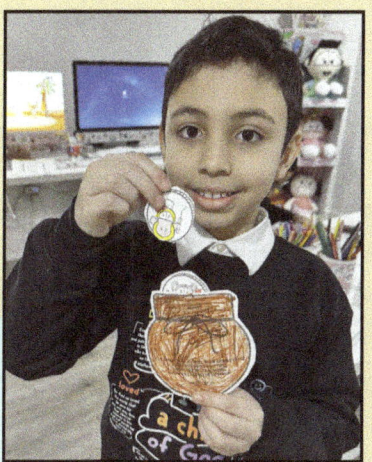

Dones y Talentos

MATERIALES: Páginas para colorear con la bolsita y círculos, lápices de colores, tijeras, pegamento, cinta.

En esta actividad, se pide a los niños que reflexionen sobre sus talentos, habilidades y características especiales. Al final de la actividad, se les invita a comprometerse con Dios de multiplicar sus talentos y ponerlos a su servicio, a través de una oración.

Sugerimos hacer la actividad individualmente donde cada niño puede representar sus habilidades y talentos y meterlos en una bolsita.

Los niños pueden llevarse sus creaciones, pegarlas en su habitación y recordarse a sí mismos los objetivos aprendidos en la lección.

Instrucciones:

1. Pide a los niños que reflexionen sobre sus talentos, habilidades y características especiales.

2. Entrega una hoja a cada niño para representarlos mediante dibujos o escribiendo dentro de un círculo, en forma de moneda.

3. Colorea la bolsita, recorta y guarda las monedas en ella.

4. Al final de la actividad, invita a tus alumnos a orar pidiendo a Dios multiplicar sus talentos y ponerlos a su servicio.

5. Motívalos que durante la semana practiquen el usar sus dones para servir a Dios y a otros.

Lindy and Friends | **CURRÍCULO JESÚS ES MÍ GUÍA** | **EDAD 3-9 AÑOS**

LOS TALENTOS

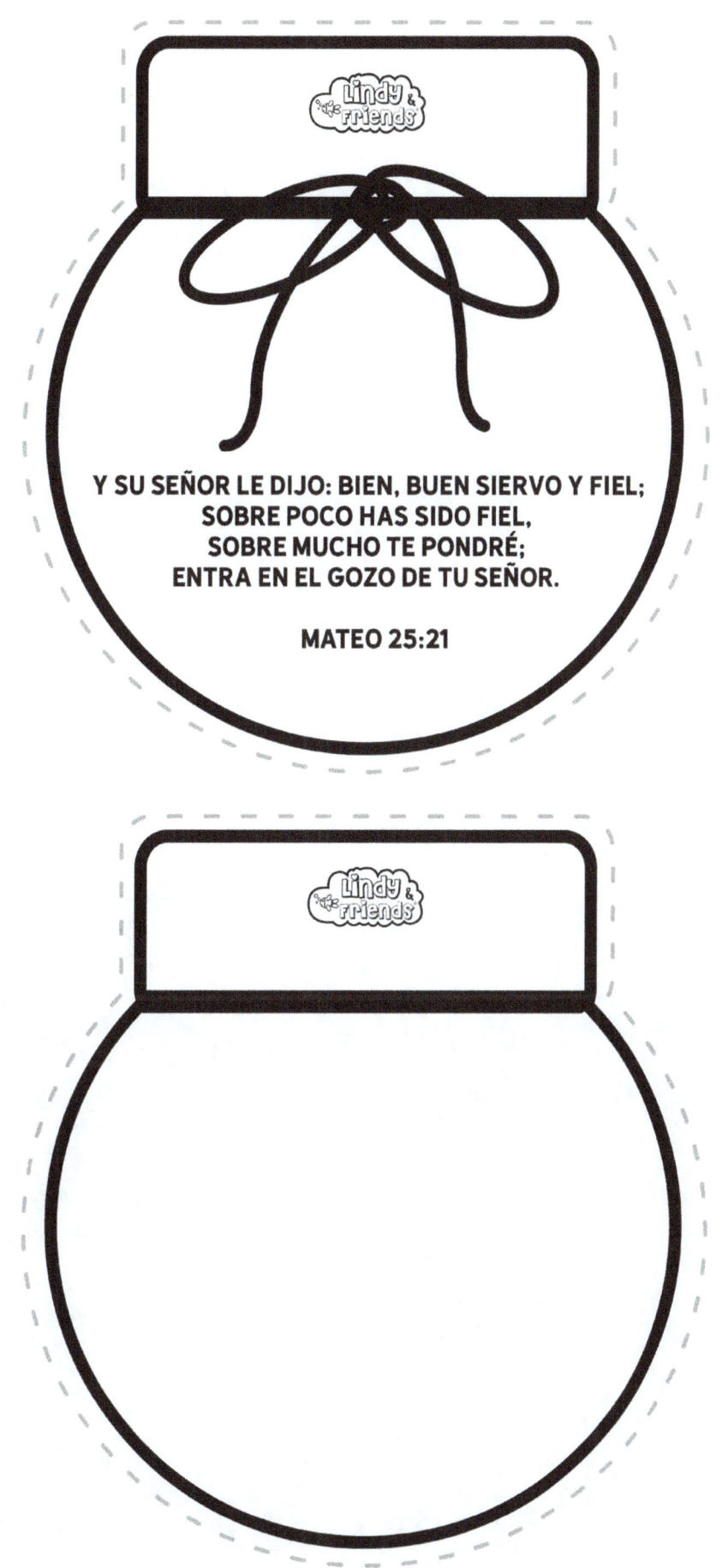

Lindy and Friends | **CURRÍCULO JESÚS ES MÍ GUÍA** | EDAD 3-9 AÑOS

Página para colorear

Lindy and Friends | **CURRÍCULO JESÚS ES MÍ GUÍA** | **EDAD 3-9 AÑOS**

Página para colorear

Lindy and Friends | CURRÍCULO JESÚS ES MÍ GUÍA | EDAD 3-9 AÑOS

Copyright © Lindy and Friends

Lindy and Friends | CURRÍCULO JESÚS ES MÍ GUÍA | EDAD 3-9 AÑOS

LECCIÓN 12

El Buen Samaritano

CONTEXTO BÍBLICO

La lección de hoy es un desafío al individualismo tan común en el mundo. Al contar la parábola del buen samaritano, Jesús enseña que **ayudar al prójimo** está por encima de las diferencias étnicas y religiosas. Si sólo ayudas a los que son tus parientes o amigos, porque son personas que pueden pagarte, en realidad sólo lo haces porque sabes que un día serás recompensado. Jesús, sin embargo, nos enseña que nuestro prójimo es cualquier persona que necesite nuestra ayuda.

Exploremos el texto

Lucas 10:25-37 (NVI)

25 En esto se presentó un experto en la Ley y, para poner a prueba a Jesús, se puso de pie y le hizo esta pregunta:
—Maestro, ¿qué debo hacer para heredar la vida eterna?
26 Jesús respondió:
—¿Qué está escrito en la Ley? ¿Cómo la interpretas tú?
27 Como respuesta el hombre citó:
—"Ama al Señor tu Dios con todo tu corazón, con todo tu ser, con todas tus fuerzas y con toda tu mente",[a] y "Ama a tu prójimo como a ti mismo".
28 —Bien contestado —dijo Jesús—. Haz eso y vivirás.
29 Pero él quería justificarse, así que preguntó a Jesús:
—¿Y quién es mi prójimo?
30 Jesús respondió:
—Bajaba un hombre de Jerusalén a Jericó y cayó en manos de unos ladrones. Le quitaron la ropa, lo golpearon y se fueron, dejándolo medio muerto. 31 Resulta que viajaba por el mismo camino un sacerdote quien, al verlo, se desvió y siguió de largo. 32 Así también llegó a aquel lugar un levita y al verlo, se desvió y siguió de largo. 33 Pero un samaritano que iba de viaje llegó adonde estaba el hombre y viéndolo, se compadeció de él. 34 Se acercó, le curó las heridas con vino y aceite, y se las vendó. Luego lo montó sobre su propia cabalgadura, lo llevó a un alojamiento y lo cuidó. 35 Al día siguiente, sacó dos monedas de plata[c] y se las dio al dueño del alojamiento. "Cuídemelo —le dijo—, y lo que gaste usted de más, se lo pagaré cuando yo vuelva". 36 ¿Cuál de estos tres piensas que demostró ser el prójimo del que cayó en manos de los ladrones?
37 —El que se compadeció de él —contestó el experto en la Ley.
—Anda entonces y haz tú lo mismo —concluyó Jesús.

Versículo clave

Mateo 22:37-39
"Ama al Señor tu Dios con todo tu corazón, y ama a tu prójimo como a ti mismo."

Lindy and Friends | CURRÍCULO JESÚS ES MÍ GUÍA | EDAD 3-9 AÑOS

REFLEXIÓN

1. ¿Quién de los presentes ha ayudado alguna vez a alguien necesitado? ¿Cuál era el problema y qué hiciste para ayudar?

2. ¿Cómo te sientes cuando haces un acto de bondad por alguien que necesita de compasión?

Sugerencias para la lección

En esta lección, enseñarás a los niños a Identificar la **necesidad de un vecino, y hacer algo para ayudarle.**

En esta parábola hablarás de la importancia de la atención médica cuando enfermamos, y de cómo lo primero que hacemos es pedir ayuda o indicaciones para tomar los medicamentos adecuados que pueden tratar o curar la enfermedad.

Trae a clase un kit de emergencia o utiliza el kit disponible en tu salón como ayuda visual. Cuando el maestro crea una atmósfera adecuada al contar la parábola, facilita que los niños comprendan mejor la enseñanza y permanezcan atentos.

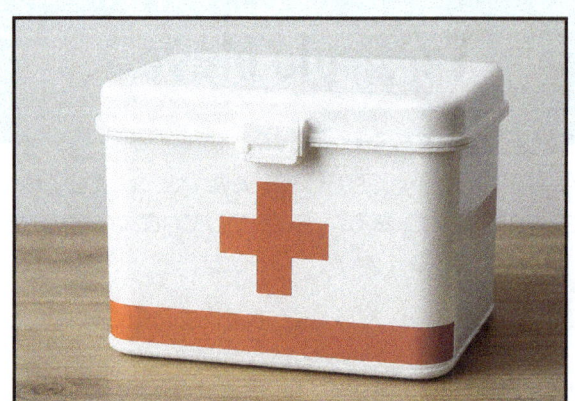

INTRODUCCIÓN

¡Imagina que el médico no quiere verte!

Pide a los niños que imaginen que, cuando se ponen muy enfermos, los médicos les dicen que no quieren atenderles porque están muy ocupados con su trabajo, o simplemente porque no les gusta la gente de su país, sería muy molesto y triste experimentar este tipo de comportamiento hoy en día, ¿verdad? Pues bien. Nuestra lección de hoy trata exactamente de eso.

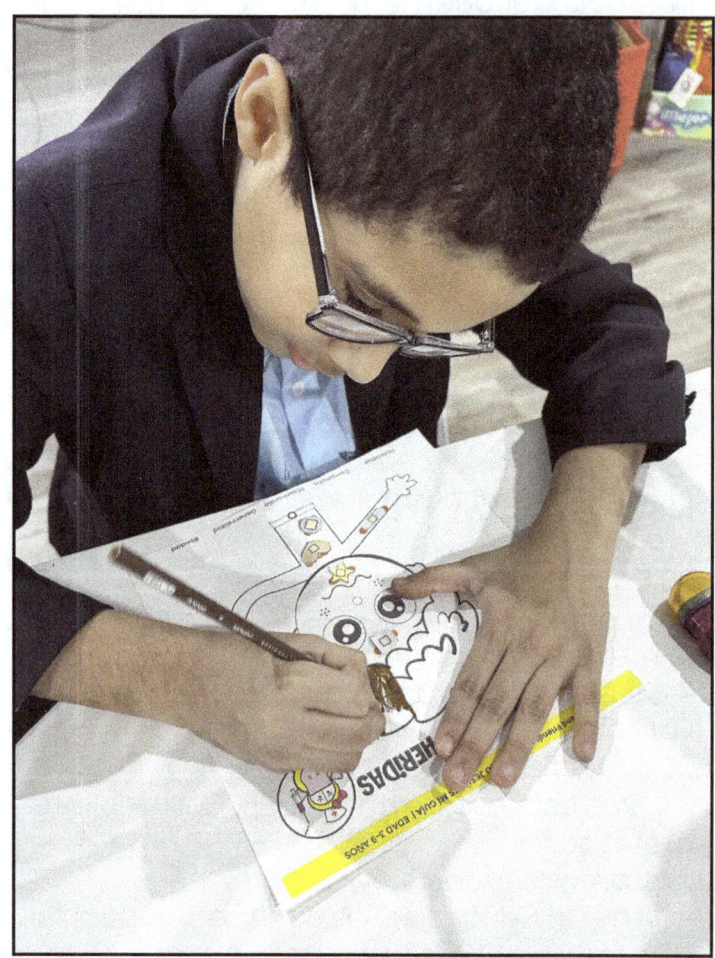

Lindy and Friends | CURRÍCULO JESÚS ES MÍ GUÍA | EDAD 3-9 AÑOS

ROMPEHIELO

¡No es mi problema!

Instrucciones:

1. Pide a los niños que se sienten en círculo.
2. Entrega a cada niño una hoja de papel y un lápiz.
3. Luego, pídeles que escriban la palabra **PROBLEMA** en su papel y pídeles también que escriban su nombre en el papel.
4. Pídeles que arruguen el papel.
5. Ahora, pide a todos que tiren el papel al centro del círculo en el suelo.
6. Una vez hecho esto, pide a los niños que mezclen los papeles y que cada uno recoja una bolita del círculo (los papeles arrugados).
7. Cuando abran los papeles, los niños se darán cuenta de que el papel que tomaron **NO** era el suyo, sino de uno de sus compañeros.

Explica a los niños que a menudo nuestros problemas pueden resolverse si alguien, como el **Buen Samaritano**, nos tiende la mano y nos ayuda. Háblales de los problemas que puedan entender: por ejemplo, dar un abrazo a un amigo que está triste. Ayudar a mamá a lavar los platos si está cansada. Compartir un juguete con un amigo que no tiene.

Que los niños citen otros ejemplos y expliquen la importancia de ayudar al prójimo siempre que sea posible para cumplir el mandamiento de Jesús de amar al prójimo como a uno mismo.

Querido maestro:

En esta lección tendrás la hermosa oportunidad de enseñar a los niños una de las historias más conocidas y poderosas que contó Jesús: la parábola del **Buen Samaritano**. A través de ella, los pequeños descubrirán que el verdadero amor al prójimo no tiene fronteras ni condiciones, y que Dios nos llama a mostrar compasión a todos, incluso a quienes son diferentes de nosotros.

Tu misión será inspirarlos a reconocer que **amar a Dios también significa amar y servir a los demás**. Con tu enseñanza y tu ejemplo, los niños podrán entender que ser "prójimo" es detenerse, ayudar y compartir, sin esperar nada a cambio.

Recuerda: cada vez que motives a un niño a practicar la bondad, la empatía y la compasión, estarás sembrando semillas que pueden transformar no solo su vida, sino también la de quienes los rodean. ¡Anímalos a ser pequeños "buenos samaritanos" en su escuela, en su familia y en su comunidad!

Lindy and Friends | CURRÍCULO JESÚS ES MÍ GUÍA | EDAD 3-9 AÑOS

Los niños deben:

1. Identificar la necesidad de un vecino y hacer algo para ayudarle.

2. Aprender que compartir es muy bueno porque Dios se complace en los que dan de lo que tienen con alegría.

3. Dios mira dentro de nuestros corazones y conoce nuestras intenciones.

¿Sabías qué?

Los judíos no se llevaban bien con los samaritanos porque los consideraban un pueblo mestizo y sincrético. El conflicto entre judíos y samaritanos se remonta a los tiempos del Antiguo Testamento.

Incluso en tiempos de Jesús, los Evangelios muestran cómo los judíos no se llevaban bien con los samaritanos. Toda esa rivalidad histórica culminó en un comportamiento hostil por ambas partes. Muchos judíos piadosos de Judea y Galilea preferían tomar una ruta más larga para evitar pasar por territorio samaritano y correr el riesgo de ser contaminados ceremonialmente por los samaritanos heréticos.

SUGERENCIA:

Busca información en la web sobre ministerios que hacen misiones ayudando a personas de otros paises que están en necesidad.

Copyright © Lindy and Friends

Lindy and Friends | CURRÍCULO JESÚS ES MÍ GUÍA | EDAD 3-9 AÑOS

HISTORIA

Visual 1. Hoy aprenderemos sobre la parábola del buen Samaritano.

Visual 2. Cheche se despertó por la mañana, se arregló, se despidió de sus papás y se dirigió a la parada del autobús para ir al colegio.

Visual 3. En el camino se encontró con sus amigos. Mientras caminaban, un estudiante mayor que Cheche y sus compañeros, con malicia, abrió la mochila de una de las amigas de Cheche y esparció todos sus útiles escolares por el suelo.

Visual 4. Lo único que hicieron los demás amigos de Cheche fue reírse de lo sucedido, mientras su amiga se sentía humillada. Ninguno de ellos quiso ayudar. Entonces, Cheche recordó la historia bíblica que había aprendido en la iglesia acerca del Buen Samaritano: una parábola que enseña sobre la compasión por los demás.

Visual 5. Así que Cheche ayudó a su amiga a recoger sus cosas del suelo, y juntos lograron llegar a tiempo sin perder el autobús. Durante el camino a la escuela, en el autobús, la amiga de Cheche le preguntó por qué había sido el único en ayudarla y qué podía hacer para compensar su actitud.

Visual 6. ¿Conocen la parábola del Buen Samaritano? ¿Quieren saber qué aprendió Cheche ese domingo en la iglesia, que lo llevó a tener una actitud diferente a la de sus amigos? Pues bien, esta parábola que Jesús contó a sus discípulos está en Lucas 10:25-37.

Visual 7. Un sacerdote pasó junto a él. ¿Sabes qué es un sacerdote? Es como un pastor en la actualidad. Al ver a la persona herida, no se conmovió con compasión, sino que cruzó al otro lado de la calle y no lo ayudó.

Visual 8. Poco después pasó un levita. ¿Sabes qué era un levita en esa época? Era un descendiente de la tribu de Leví, una de las 12 tribus de Israel, escogida para servir al Señor en el templo. Sería como una persona que canta o sirve en la iglesia hoy en día. El levita también vio las necesidades de aquel hombre herido, pero, lamentablemente, cruzó la calle y no quiso ayudar.

Visual 9. De repente vino un samaritano. Los samaritanos eran personas que en ese tiempo no se llevaban muy bien con los judíos. Pero, aunque no era judío, fue movido por el amor y la compasión. Tuvo misericordia de aquel viajero: se acercó, lo ayudó en todo lo que pudo, lo montó en su burro y lo llevó al lugar donde pudiera ser atendido.

Visual 10. ¿Qué linda actitud, verdad? Inspirado por la parábola del Buen Samaritano, Cheche ayudó a su amiga. Fue una oportunidad perfecta para que compartiera acerca de Jesús y su fe con ella. Sin esperar nada a cambio, Cheche le demostró amor, tal como Jesús nos enseña. Nosotros también podemos sentirnos movidos por el amor y la compasión hacia las personas que conocemos y que están necesitadas, ¡especialmente aquellas que aún no han escuchado de Jesús!

Lindy and Friends | CURRÍCULO JESÚS ES MÍ GUÍA | EDAD 3-9 AÑOS

MANUALIDADES

Instrucciones:

1. Corta las banditas de diferentes formas para que los niños puedan ponerlas en el lugar de la bandita correcta sobre el cuerpo.

2. Cada bandita representa una cualidad del Buen Samaritano, como: amor, compasión misericordia, humildad, generosidad, etc.

1. Recorta el kit y los instrumentos médicos.

2. Pega el kit de forma que quede cerrado por los bordes y quepan los instrumentos médicos en su interior.

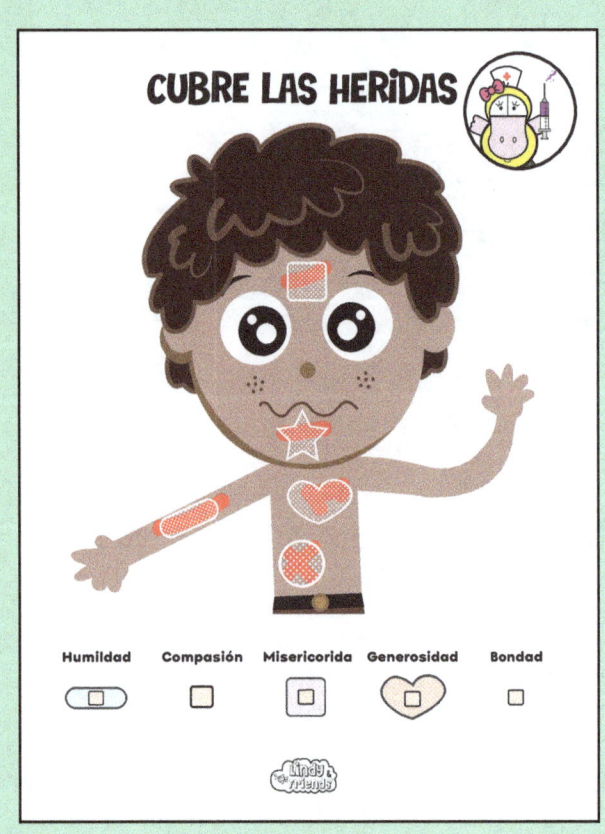

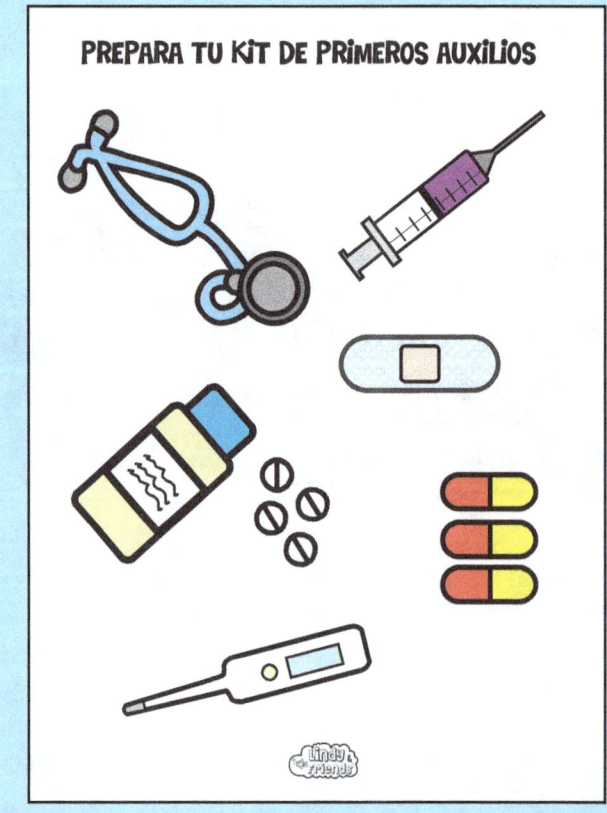

Copyright © Lindy and Friends

Lindy and Friends | CURRÍCULO JESÚS ES MÍ GUÍA | EDAD 3-9 AÑOS

CUBRE LAS HERIDAS

Humildad	Compasión	Misericorida	Generosidad	Bondad
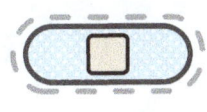				

Copyright © Lindy and Friends

Lindy and Friends | CURRÍCULO JESÚS ES MÍ GUÍA | EDAD 3-9 AÑOS

PREPARA TU KIT DE PRIMEROS AUXILIOS

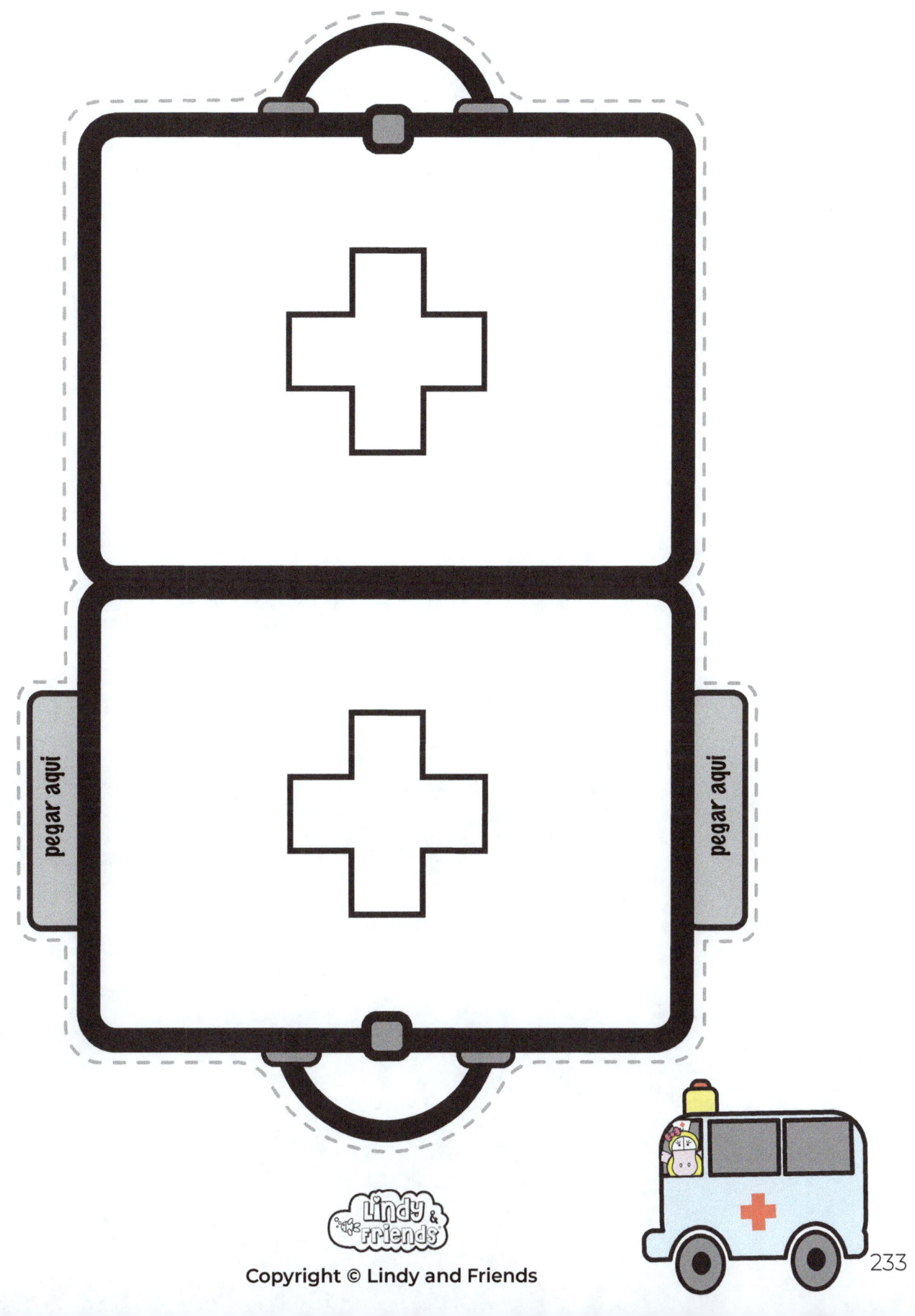

Copyright © Lindy and Friends

Recorta los instrumentos que te pueden servir para ayudar a alguien que necesita tu ayuda.

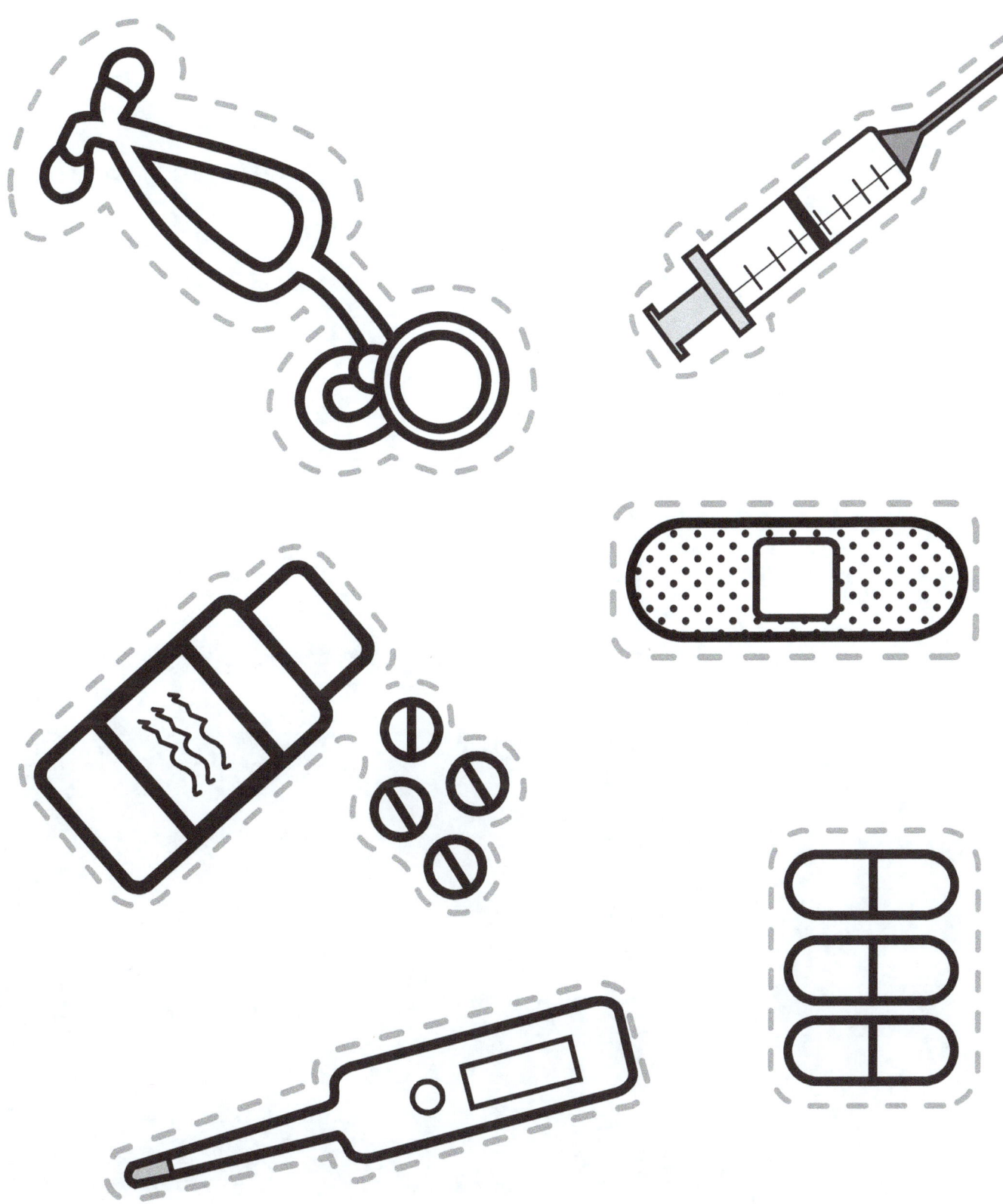

Lindy and Friends | CURRÍCULO JESÚS ES MÍ GUÍA | EDAD 3-9 AÑOS

Lindy and Friends | CURRÍCULO JESÚS ES MÍ GUÍA | EDAD 3-9 AÑOS

LECCIÓN 13

La Red

Exploremos el texto

CONTEXTO BÍBLICO

Mateo 13:47-50 (NVI)

47 "Asimismo el reino de los cielos es como una red lanzada al mar, en la que se pesca toda clase de peces.

48 Y cuando estuvo llena, la sacaron a la orilla; y sentándose, recogen los buenos en las cestas; los malos, en cambio, los tiran.

La parábola de la red es la última de la secuencia de 7 parábolas que Jesús contó en Mateo 13 sobre el Reino de los Cielos. Tiene lecciones similares a la parábola del trigo y la cizaña (13.24-30, 36-43), pues en ambas observamos que hay buenos y malos, justos e injustos y que algún día habrá separación de estos grupos. El objetivo de esta parábola era **resaltar el destino eterno de los malvados**. Un día habrá la consumación de los siglos, o el fin de los tiempos, y la sociedad tal como la conocemos tendrá un destino final y en este día aquellos que no aceptaron el mensaje del Evangelio serán sentenciados a una eternidad sin salvación.
(Apoc. 20.11-15).

49 Así será al fin del mundo: los ángeles vendrán y separarán a los malvados de entre los justos,

50 Y los echarán en el horno de fuego; allí será el llanto y el crujir de dientes".

REFLEXIÓN

Versículo clave

Proverbios 21:2
"Todo camino del hombre es recto ante sus propios ojos, pero el Señor escudriña los corazones."

1. ¿Alguna vez alguien te ha hecho algo malo o te ha dicho una mentira sobre ti y luego ha dicho que era sólo una broma? ¿Cómo te sentiste?

2. ¿Cómo te sientes cuando juegas con amigos que sólo dicen cosas que no deberían o que son malos entre sí? ¿Te sientes bien estando entre ellos o te sientes incómodo con estas actitudes?

Sugerencias para la lección

En esta lección, enseñarás a los niños a **Identificar la necesidad que tenemos de preocuparnos por nuestro interior** más que nuestro exterior. Muchas veces parecemos tener o ser algo que no coincide con las verdaderas intenciones y motivaciones de nuestro corazón.

Puedes llevar una **caja muy bonita** por fuera pero vacía o con basura dentro, y **otra simple** pero con un dulce o regalo adentro. Explícale a los niños que Dios mira lo que hay en nuestro corazón, no solo lo de afuera. Los niños comprenderán que lo más importante no es cómo nos vemos por fuera, sino cómo está nuestro corazón por dentro: lleno de amor, sinceridad y obediencia a Dios. Conecta con la experiencia del niño usando ejemplos de su vida diaria (juguetes, animales, familia, escuela).

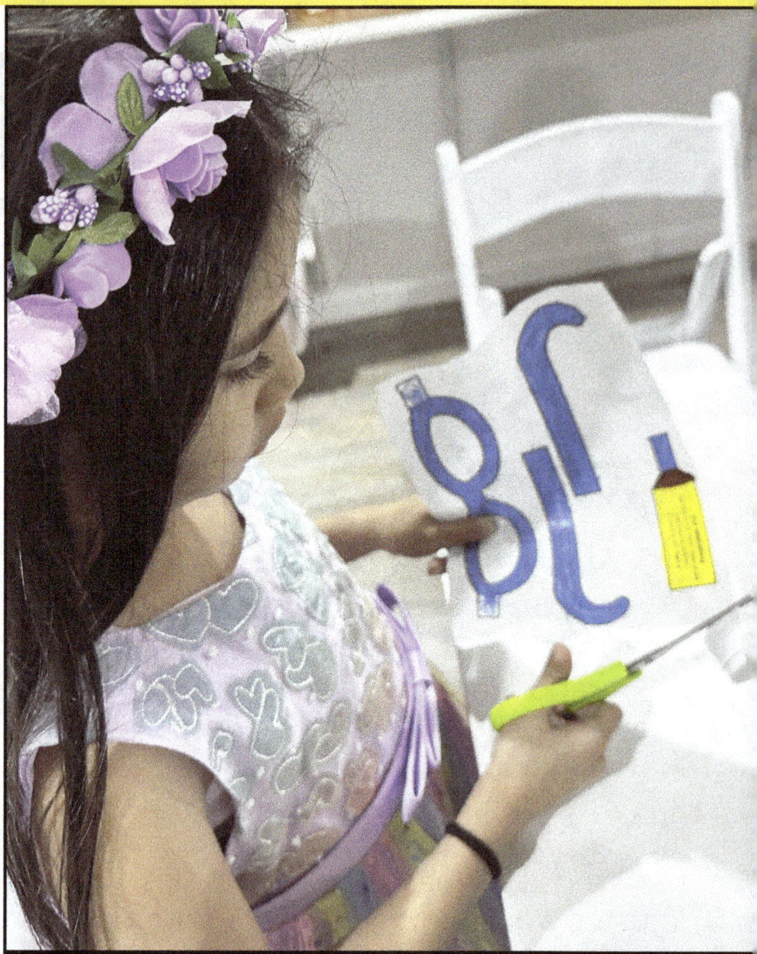

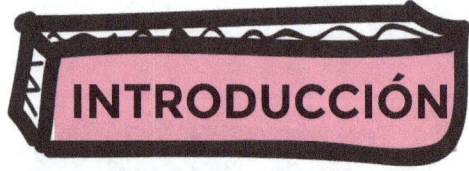

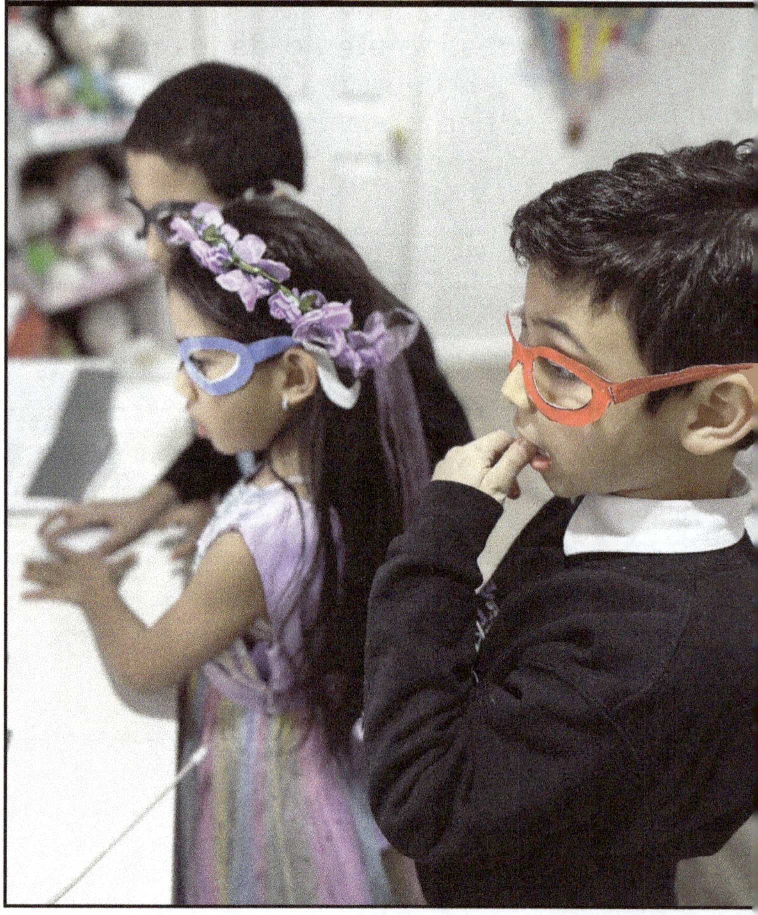

INTRODUCCIÓN

¿Cómo saber lo que no puedes saber?

Ayuda a los niños a comprender que existe una diferencia entre el bien y el mal. Hay malas situaciones, malas personas, así como las hay buenas. En este mundo veremos un poco de ambos y experimentaremos una separación de los dos en el día final donde el Señor hará esta distinción entre los verdaderamente buenos y los malos. ¡Depende de nosotros examinar nuestros propios corazones para ver si están alineados con la voluntad de Dios!

Lindy and Friends | CURRÍCULO JESÚS ES MÍ GUÍA | EDAD 3-9 AÑOS

ROMPEHIELO

Instrucciones:

1. Elije 3 niños, cada uno tendrá un cartel (verde positivo, rojo negativo y el cartel azul de No sé).

2. Pídeles que se coloquen en la misma pared de la habitación, a una distancia de un brazo estirado entre ellos; Pide al resto de niños que formen dos filas.

3. Muestra una foto a los dos primeros niños de la fila y ellos decidirán si es buena actitud, mala actitud o no lo saben, y luego correrán hacia el niño que tiene el cartel correspondiente y el que llegue primero, gana.

4. Continúa con los siguientes dos niños hasta terminar ambas líneas.

Al final, siéntalos en el suelo y hablen juntos sobre las imágenes de las buenas y malas acciones. Acciones como comer y dormir (que los niños probablemente eligieron con un "No sé") deben discutirse de inmediato, siempre en grupo, para que comprendan que algunas cosas son claramente buenas, otras claramente malas, pero ciertas acciones dependen de la intención del corazón.

Por ejemplo: comer para alimentar el cuerpo es bueno, pero comer en exceso por glotonería es pecado. Dormir lo necesario para descansar es muy bueno, pero dormir demasiado vuelve a la persona perezosa.

Enséñales acerca de la omnisciencia que solo Dios tiene para discernir entre el bien y el mal, incluso en las intenciones más profundas de nuestro corazón.

Copyright © Lindy and Friends

Lindy and Friends | **CURRÍCULO JESÚS ES MÍ GUÍA** | **EDAD 3-9 AÑOS**

Querido maestro:

En esta lección tendrás el privilegio de enseñar a los niños la parábola de la red, con la que Jesús nos muestra que el evangelio es como una gran red lanzada al mar que reúne toda clase de peces. Un día, al final de los tiempos, Dios hará la separación entre los **justos y los que no le obedecieron**, y cada uno recibirá su recompensa.

Tu misión es guiar a los niños a comprender que **hoy es el tiempo de decidir seguir a Jesús** y vivir de una manera que le agrade. Enséñales que Dios desea que todos seamos "peces buenos": obedientes, sinceros, amorosos y dispuestos a compartir su luz con los demás.

Recuerda: lo que compartes en esta lección no solo informa, sino que invita a los niños a tomar decisiones eternas. Cada palabra, cada ejemplo y cada dinámica puede ser una semilla que los anime a permanecer firmes en el Señor hasta el día en que Él venga.

Lindy and Friends | CURRÍCULO JESÚS ES MÍ GUÍA | EDAD 3-9 AÑOS

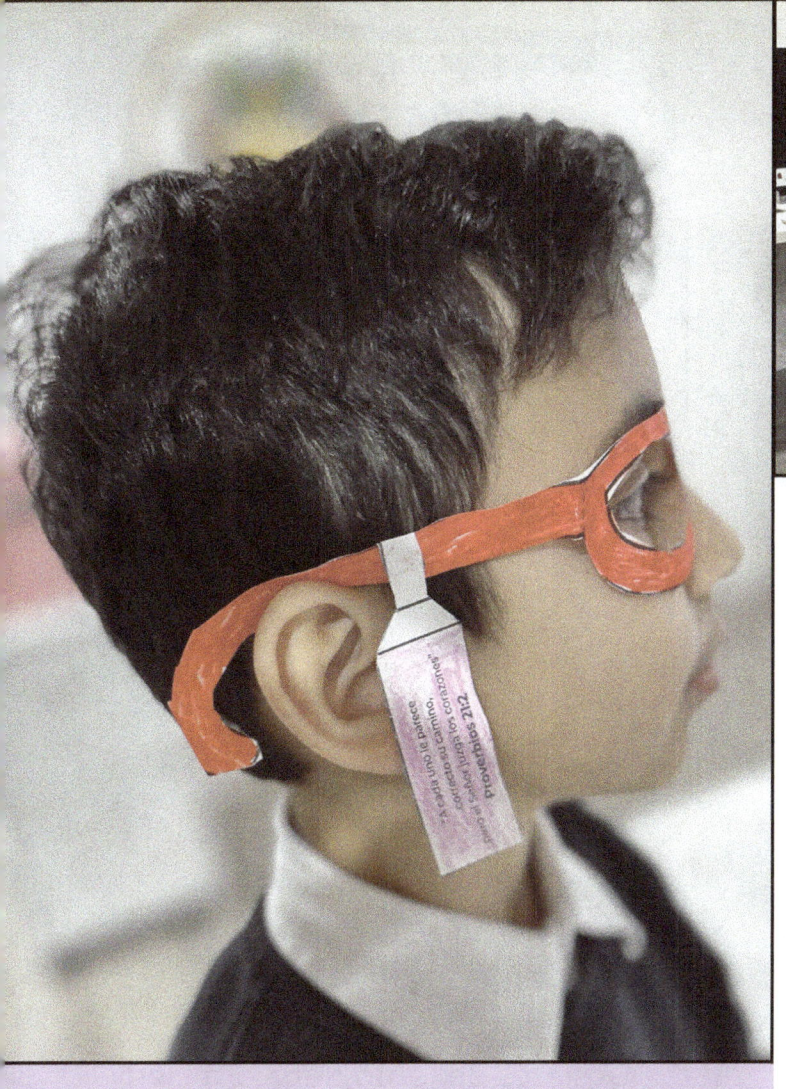

¿Sabías qué?

En tiempos de Jesús, ser pescador era un trabajo muy duro y respetado. Los pescadores solían trabajar de noche, porque en las aguas del mar de Galilea los peces se acercaban más a la superficie cuando hacía fresco y era más fácil atraparlos con redes. Además, las redes eran pesadas y se rompían con facilidad, por lo que los pescadores pasaban largas horas reparándolas en la orilla durante el día.

No era solo un oficio: la pesca era una parte vital de la economía de la región. El pescado se vendía fresco, salado o seco, y era uno de los alimentos principales del pueblo. Varios de los primeros discípulos de Jesús tenían esta profesión: **Pedro, Andrés, Santiago y Juan** eran pescadores del mar de Galilea.

Los niños deben:

1. Identificar la necesidad de tener un corazón puro ante Dios.

2. Aprender que la distinción entre el bien y el mal verdaderamente la hará Dios al fin de los tiempos y no nos corresponde a nosotros hacer ese juicio.

3. Dios mira en lo más profundo de nuestro corazón e incluso conoce nuestras intenciones.

SUGERENCIA: Busca información en la web sobre pescadores recogiendo su red de pesca para que los niños puedan entender mejor el trabajo de un pescador.

Lindy and Friends | CURRÍCULO JESÚS ES MÍ GUÍA | EDAD 3-9 AÑOS

HISTORIA

A cada uno le parece correcto su camino, pero el Señor juzga los corazones.

Proverbios 21. 2

Visual 2. Era domingo y Lindy regresaba de la iglesia. En el camino ella reflexionaba sobre lo que el maestro había enseñado en la clase. Recordó que se trataba de una parábola que Jesús habló de una red que atrapaba toda clase de peces: peces buenos y peces malos, peces vivos y peces muertos, peces sanos y peces enfermos. Por donde pasaba la red, traía todo lo que se le ponía por delante. Lindy no entendió muy bien lo que el maestro quería decir con eso, y le dio vergüenza pedirle al maestro que se lo explicara. Entonces ella le preguntó eso a Dios que le mostrara lo que significaba todo esto, y si todavía tenía dudas, estaba decidida a preguntarle a su maestro el domingo siguiente.

Visual 3. Cuando Lindy llegó a casa recordó que había dejado mucho desorden por limpiar. Luego fue a guardar su ropa, ordenar sus juguetes y poner la ropa sucia en el cesto. Después de tanto trabajo, a Lindy le dió hambre. Fue al armario de la cocina y sacó una bolsa de pan que había abierto la semana pasada. Cuando se llevó el bocado a la boca, se dio cuenta de que estaba con moho y no sabía muy bien. Así que tiró el resto a la basura y tomó un paquete que aún estaba sin abrir. Cuando le dio un mordisco, sintió que ¡Sabía delicioso!

Visual 4. Pero ella todavía tenía hambre. Entonces vio un tarrito de yogurt que había dejado fuera de la nevera el día anterior. Cuando probó el yogurt puso una cara muy fea y tiró el yogurt a la basura. ¡El yogurt estaba agrio! ¡Vaya, qué mal olía! Entonces ella fue a la nevera y tomó un yogurt fresco y frío. ¡Qué rico estaba el yogurt!

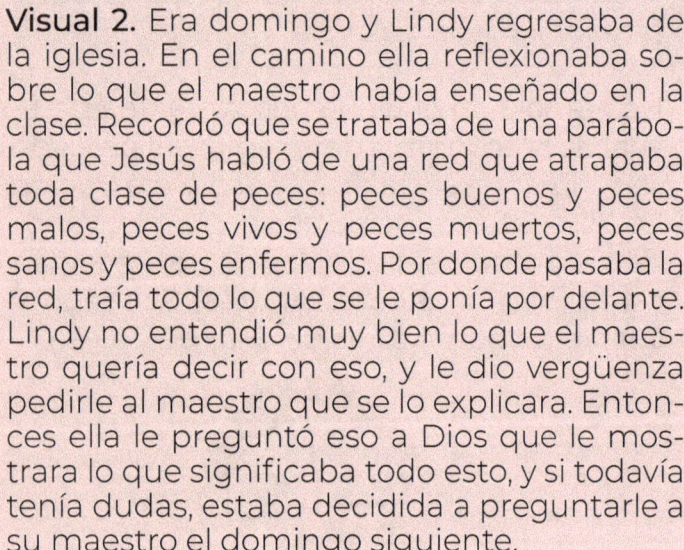

Lindy and Friends | CURRÍCULO JESÚS ES MÍ GUÍA | EDAD 3-9 AÑOS

Visual 5. Pero todavía tenía hambre... Entonces fue al frutero y vio una bolsa de manzanas. ¡Lindy ama comer manzanas! Luego metió la mano en la bolsa y sacó una manzana. Cuando ella estaba a punto de darle un mordisco a la manzana, notó que la manzana solo estaba buena por un lado, y que por el otro lado la manzana estaba podrida. "Qué asco", pensó... Tiró la manzana podrida a la basura y tomó otra manzana. ¡Esta vez la manzana estaba deliciosa!

Visual 6. Tan pronto como terminó de comer, fue a agradecer a Dios por la comida que había comido, y fue entonces cuando entendió la parábola de Jesús que el maestro enseñaba en el servicio. Jesús quería decir que dentro de un mismo lugar puede haber gente buena y gente mala, tal como en su pan, su yogurt y su manzana.

Visual 7. Aunque por fuera todo parece ir bien, a veces a la gente se le daña el corazón, se corrompen y contaminan con cosas malas. Por fuera son bonitos, pero a veces por dentro están agrios, estropeados, y podridos. Fue así como comprendió que sólo Jesús tiene el poder de mirar más allá de la apariencia, sólo Él puede ver el interior de nuestros corazones y ver cómo somos realmente.

Visual 8. Y los que sean limpios por dentro y hayan aceptado a Jesús en sus corazones podrán entrar al cielo. Pero aquellos que son sucios por dentro y rechazan a Jesús y la Palabra de Dios, no podrán participar de la eternidad con Jesús. Lindy estaba muy feliz por haber entendido la parábola de Jesús, y estaba ansiosa por llegar allí el próximo domingo y compartir con su maestro la experiencia que tuvo.

Lindy and Friends | CURRÍCULO JESÚS ES MÍ GUÍA | EDAD 3-9 AÑOS

MANUALIDADES

 Recorta y pega las partes de las gafas, con el versículo.

 Explica a los niños que las gafas espirituales nos ayudan a ver más allá de las apariencias.

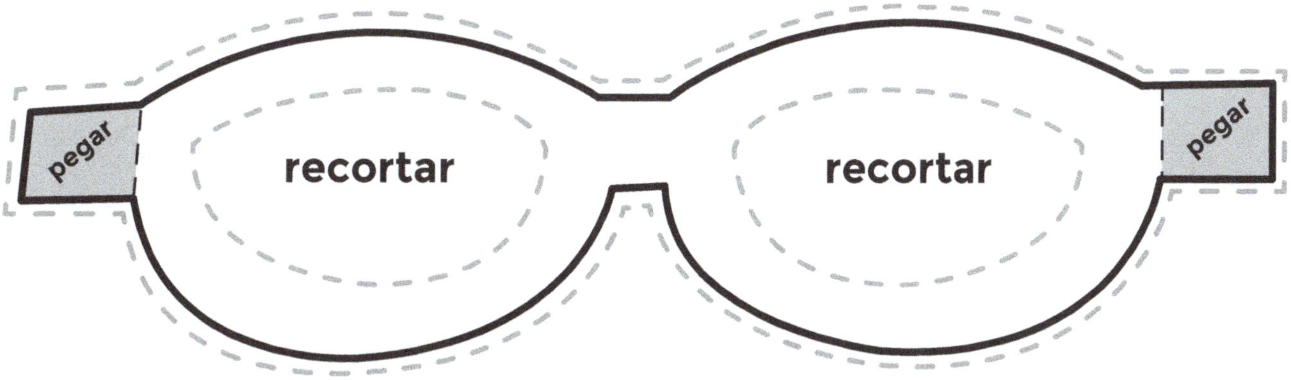

pegar — recortar — recortar — pegar

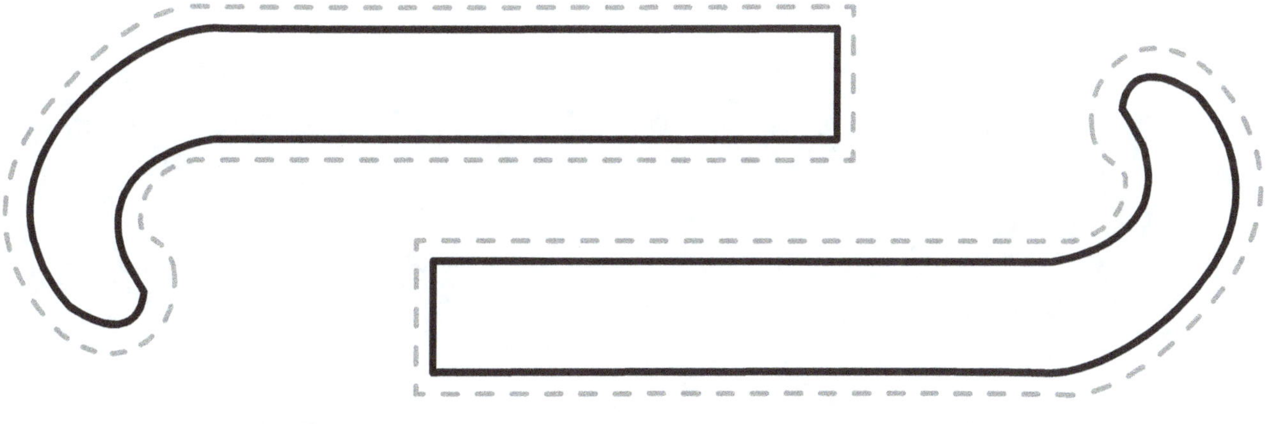

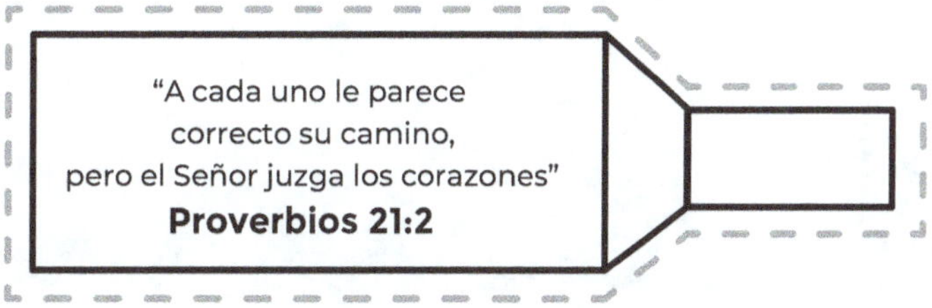

"A cada uno le parece correcto su camino, pero el Señor juzga los corazones"
Proverbios 21:2

Copyright © Lindy and Friends

Lindy and Friends | CURRÍCULO JESÚS ES MÍ GUÍA | EDAD 3-9 AÑOS

Página para colorear

Copyright © Lindy and Friends

Lindy and Friends | CURRÍCULO JESÚS ES MÍ GUÍA | EDAD 3-9 AÑOS

Copyright © Lindy and Friends

Lindy and Friends | CURRÍCULO JESÚS ES MÍ GUÍA | EDAD 3-9 AÑOS

Todo el contenido de este material está registrado bajo derechos de autor.

Expresiones del Corazón de Dios ®

1era Edición
LindyEdu: Currículo Dominical Lindy and Friends - Jesús es mi guía - Edad 3-9 años

Copyright © 2025 por Linda P. Romero y Lindy & Friends ®
Lindy & Friends ® es una marca registrada de Lindy and Friends, Llc.
Ilustraciones y maquetación: Pámpano Animation Studios y Lindy and Friends.

Todos los derechos reservados. Publicado por LindyEdu, sello editorial de Lindy and Friends. Ninguna parte de esta publicación puede ser reproducida, o guardada en sistemas de almacenamiento, o transmitida de ninguna forma o por motivo algún, de manera electrónica, mecánica, fotocopiada o grabada, sin prévia autorización escrita del publicador.

ISBN: 978-1-7337619-6-3
Primera Edición, Octubre 2025

SELLO EDITORIAL DE
LindyAndFriends.com
LIBROS, MÚSICA, ANIMACIÓN Y MÁS

Copyright © Lindy and Friends

**PRÓXIMAMENTE
LOS MILAGROS DE JESÚS**

Conoce más en:
www.lindyandfriends.com
www.youtube.com/lindyandfriends

Expresiones del Corazón de Dios ®

ISBN 978-1-7337619-6-3

9 781733 761963